주봉구 선생님께
드립니다

2013. 9.

김재희 드림

꽃가지를 아우르며

꽃가지를 아우르며

김재희 수필집

수필과비평사

책머리에

창밖이 환합니다.
환하게 보입니다.
햇빛이 환하고
달빛이 환하고
내 그림자도 환합니다.

글 속에 묻히고
꽃 속에 묻혀 사는 동안
바뀐 세상 모습입니다.
바뀐 세상에 감사하고
바뀐 내안의 감정에 감사하고
지켜봐 주는 가족에게 감사하고
저를 아는 모든 분들에게 감사드립니다.

김 재 희 (본명: 김재규)

차례

01

02

03

04

05

06

01

달빛 길어올리기 | 한여름 풍경 | 겨울 강 | 다랑이 마을

주산지 | 칼과 도마 같은 부부 | 주꾸미의 반란

한 알의 소금으로 | 죄와 벌

달빛 길어올리기

한옥마을 고샅에는 농익은 달빛이 쌓여 있다. 돌담과 돌담 사이, 지붕과 지붕 사이를 건너 어느 집 마당 구석구석까지 넘치도록 그득하다. 창가에 옹기종기 모여 노는 달빛이 창문에 그림을 그리면 잠 못 이루고 뒤척이던 아낙네가 살며시 미닫이문을 연다. 달빛은 어느새 우르르 밀려 들어와 제자리가 정해져 있는 양 순식간에 자리를 잡고 아낙네의 시린 눈 속까지 깊숙이 들어와 앉는다.

거동이 힘든 아내에게 달을 보여주려고 대야에 달을 담아 오는 사내의 얼굴에도 달빛이 흥건하다. 대야 속의 물결 따라 이지러지던 달이 서서히 온전해지면 잠시 일렁이던 달빛도 잠잠해진다. 적막강산이다. 이 고요함 속을 흐르는 달빛에 할 일이 주어진다. 영화는 이렇게 시작된다.

멍들고 구겨진 세상살이 속에도 진품을 간직하고 싶은 집념이 도사리고 있다. 전주 사고에 보관된 ≪조선왕조실록≫을 복원하기 위한 한지 만들기 숙원 사업이 된 곳 전주, 영화는 그 전주의 거리를 카메라에 담았다. 한옥마을을 담고 돌담을 담고 달빛을 담았다.

진정한 명품이 사라진 세상에서 명품을 그리워하는 장인은 오염된 세상을 탓하며 날마다 술에 취한다. 불손한 세상에서 어떻게 명품이 나오기를 바라느냐는 그의 말속엔 뼛속까지 녹아내리는 한이 서렸다. 명품을 만들고 싶어 하는 장인과 명품으로 태어나고 싶은 한지가 서로 먼 거리에서 마음만 애탄다. 환한 달빛만이 그 비밀을 알고 있다는 듯 넌지시 암시를 한다. 마음으로 달빛을 안아 보라고. 마음 깊숙이 품었다가 한가득 길어 올려보라고.

술잔에 녹아든 달을 마시기를 얼마였을까. 비로소 장인의 마음에 담겼던 달빛이 서서히 품어 나오기 시작한다. 불빛 하나 없이 오로지 순수한 달빛 속에서 한지를 뜬다. 은은하면서도 온화하고 질기면서도 부드러운 달빛이 한지 결 속에 스며들어야 한다. 물속에 어린 달빛을 취해 만든 한지여야만 그 위에 인생을 펼칠 수 있는 것이다. 천 년의 세월을 이어나갈 만한 그런 종이 한 장을 만들기 위해 계곡 물소리와 스님의 기도와 달빛이 어우러진 심심산천 깊은 곳에서 향연을 벌이고 있다.

장인은 불을 밝히지 않아도 닥섬유질이 손등에 와 닿는 느낌으로 물질을 한다. 앞에서 떠서 뒤로, 뒤에서 떠서 앞으로, 오른쪽에서 떠서 왼쪽으로, 왼쪽에서 떠서 오른쪽으로 넘긴다. 이런 물질을 몇 차례 하느냐에 따라 종이의 두께와 질이 결정된다.

두께가 두껍다고 좋은 것이 아니다. 여러 번의 물질로 이루어졌어도 한 겹인 것처럼 얇고 가벼워야 한다. 먹물을 받아들일 적엔 그 먹물이 기교를 부리게 하지도 않으며 한 치의 허점도 감추지 못하는 진실을 그려내야 한다. 붓을 잡은 손에 주어지는 힘의 정도와 붓의 흐름이 끊어질 듯하다가 이어주는 맥이 선연히 그려져야 한다.

그렇게 만들기 위해 삶고 두드리고 거르고 물질하는 과정의 작업은 고난도이다. 그래서 한지를 백지라고도 한다. 흰백白이 아닌 일백 백百이라고 하지 않는가. 한지 한 장을 뜨는 데 백 번의 땀과 정성이 든다는 의미이다. 그것이 바로 한지의 생명이다.

어떤 물체에 생명을 불어넣는 일은 가히 신의 영역에 가깝다. 인간의 능력을 초월한 사람에게 주어진, 마치 신들린 것처럼 일하는 사람만이 가질 수 있는 명칭이 바로 장인 아니겠는가. 그런 장인의 모습이 경건하게 길어 올린 달빛으로 만들어진 한지 위에 함께 어우러진다. 이 장면이 영화의 백미이지 싶다.

한지 결 같은 삶을 동경한다. 소박하지만 진실하고 허점이 많아 보이지만 내면이 충실한 사람으로 살아가는 길을 찾는다. 그러면서도 훤히 보이는 길은 애써 외면하고 있는지도 모른다. 단 몇 번의 물질도 힘겨워하고 있는 자신에게 '더 얇게, 더 질기게, 더 소박하게'라는 단어로 최면을 걸어본다.

장인의 물질을 흉내 낸다. 감정을 걸러내는 물질이다. 취하고 버려야 할 것들을 조심스럽게 거르는 것이다. 흉내 낸다고 되는 것은 아니리라. 잘 못 걸러진 티끌 하나가 큰 옹이를 만들고 담아두어야 하는 것들을 그냥 흘려버릴 수도 있다. 비록 그런 시행착오를 거치는 데 불과하다 해도 흉내 내보는 것만으로도 충분히 가치 있는 삶이 되지 않을까.

한여름 풍경

햇살이 부서져 내리는 길일까. 산사 처마 끝에 이어진 하늘이 부챗살처럼 갈라졌다. 이글거리는 땡볕이 숨통을 조인다. 바람조차 그늘 찾아 숨었는지 풍경도 잠이 들고 푹푹 삶아진 햇살이 내려앉은 자리엔 온갖 소리들도 삶아져 맥을 추지 못한다. 그런 고요 속에서 귀청을 간질이는 수런거림이 느껴진다. 잔디밭에서 개미의 발걸음 소리가 들리는 듯하다. 빨랫줄에 앉은 잠자리 숨소리도 들렸던가. 절 마당 한 귀퉁이에 자리한 능소화 몇 송이가 소곤대는 소리인지도 모른다.

능소화는 어쩌자고 저리도 고운 자태를 한여름 햇살에 내맡기는가. 임금의 단 한 번 사랑으로 끝난 궁녀 소화의 한이 꽃으로 환했다는 능소화. 어떤 고통을 이기기 위해서는 그 고통보도다 더 절박한 상황에 처할 때 삭혀 낼 수가 있는 것이다. 그래서 능소화는 이글거리는 한여름 땡볕 속에서 피어나는 것이리라. 천연덕스럽게 환한 미소를 머금고. 그 환한 미소에 현혹되지 말 일이다. 자신의 미모로 자신이 사랑하는 사람에게만 관심을 끌기 위한 몸짓이니 결코 함부로 건드리지 말라고 독을 품었다던가. 꽃가루가 눈에 들어가면 실명의 위기에 처할 수도 있단다.

땀방울이 뚝뚝 떨어져 내릴 것 같은 능소화 꽃잎 언저리에 벌 한 마리가 찾아왔다. 다리엔 이미 다른 곳에서 따온 꽃가루가 노랗게 묻어 있다. 척 내려앉는 폼이 내 존재는 전혀 개의치 않는 몸짓이다. 잠시 머뭇거리는 모습은 아마도 이 꽃에서 뭔가 담아갈 것이 있는지 탐색하는 모양이다. 독이 들었다는 꽃이 벌에게는 무의미한 것일까. 다른 벌레는 범접하지 못하지만 벌만큼은 자유로울 수 있는 이유를 먼 전설 속에서 뒤적여 본다. 먼 곳에 있는 임에게 향기를 전해달라고 부탁하는 것인가.

넓은 꽃잎이 마치 커다란 양산처럼 햇살을 막아 준다. 꽃잎 뒤에서 비치는 햇살, 한번 걸러진 햇살이 아주 맑게 벌의 날개 위에 비친다. 어느 무대의 조명이 저리도 고울까. 나는 객석의 관객이 되어 벌의 유희를 즐긴다.

벌은 다양한 몸짓으로 유희를 한다. 팬터마임극이라고 하는 표현이 더 정확할까. 주로 궁둥이를 하늘로 쳐들고 있다. 반질반질하고 오동통한 게 만지면 촉감이 좋을 것 같다. 가만히 손을 뻗치다가 손끝으로 전해 오는 통증에 잠시 주춤거려진다. 벌에 쏘인 경험이 되살아난 것이다. 그러자 갑자기 툭 튕겨 꿀밤을 먹여 보고 싶어진다. 엄지와 중지를 맞붙여 모은다. 입을 앙다물며 힘을 밀어내려는 손가락과 한여름 위력을 과시하려는 햇살과의 교차점에서 불꽃이 튀긴다. 가만가만 다가가건만 벌은 그저 조용히 저 할일만 하고 있다.

상대가 방어 자세도 되어 있지 않는데 덤빌 수는 없는 노릇이다. 오로지 일 속에 묻힌 저 열정을 향해 무엇을 노리는가. 내 손 동작은 그만 그 자리에서 멈춰 선 채 부동자세가 되고 만다. 그러고 보면 내가 팬터마임을 하고 있는 것이 아닌가. 저 작은 벌에게조차 아무 의미가 없는 나야말로 관객 하나 없는 무대 위에서 이 무슨 객쩍은 짓인가. 무안한 마음에 가슴이 콩닥거린다. 고요하고 적막한 공간 속에서 내 마음 홀로 소란스럽다. 살면서 혼자 헛짓하는 것이 어찌 이뿐이던가.

살짝 지나가는 구름 그림자가 잠시 한더위를 밀쳐내자 여기저기서 숨통 트이는 소리가 들린다. 매미가 한바탕 울어대고 그 소리에 놀란 풍경이 화들짝 깨어나 댕강거린다. 잠자리 몇 마리가 바지랑대 사이에서 술래잡기를 하며 멈춘 공기의 흐름을 휘젓고 낮잠 자던 강아지도 살며시 꼬리를 쳐든다. 이들의 위세에 밀린 햇살이 조금 자리를 비켜나면서 담장 아래에 그늘을 드리우자 음지와 양지 속에 두 얼굴을 한 봉숭아가 매니큐어 칠해진 내 손톱을 흘끔거린다.

누군가가 내 길고 진한 손톱을 보고 속이 몹시 허하거나 뜨거울 거라는 소리를 했을 때 양쪽을 다 품고 싶었다. 그러나 온몸이 비틀거리도록 허하거나 신열이 나도록 뜨거움을 맛보아도 뒤에 남는 건 객쩍은 몸짓이었을 뿐이었다. 그렇게 다 헛짓이었다. 저 능소화 같은 애절함도 벌처럼 충실한 열정도 아닌 그저 헛짓이 꿈틀거리는 여름. 그런 나의 무상無常한 여름이 산사 한 귀퉁이에서 푹푹 익어가고 있다.

겨울 강

아직 어둠이 가시지 않은 새벽 강가, 돌멩이에 맞은 강이 쩡하고 신음을 한다. 얼음 두께만큼의 울림이 차가운 새벽공기를 밀어내자 산마루에서 서서히 붉은 기운이 솟는다. 그제야 어둠 속에서 숨죽이고 있던 풍경들이 꿈틀거린다.

우람한 소나무에 얹힌 눈이 소담스럽다. 넓은 강의 공간과 푸르스름한 새벽빛 때문일까. 깊은 산중에서 보았던 겨울 소나무와는 또 다른 느낌이다. 뾰족한 잎끝에 생긴 투명한 얼음 방울은 강으로 놀러 내려온 별들이 매달려 있는 것 같다. 소나무 밑에 자리한 아담한 벤치도 새벽 강가의 신선함에 푹 젖어있다. 솜털 같은 푹신함에 털썩 주저앉고 싶은 마음을 간신히 붙들어 맸다. 차가울 것이라기보다는 고운 모양에 흠집을 내고 싶지 않았기 때문이다.

저만치에 유람선 한 척이 얼음에 묶여 있다. 한여름 깃발을 휘날리며 질주하던 박력은 어디 가고 전혀 흔들림 없는 정적에 싸여 있는 모습이 화폭 속 그림 같다. 가까이 다가가서 겨울 풍경화 속에 함께 묻혀보는 것도 좋을 것 같고 겨울 유람선 여행을 상상해 보는 것도 좋을 것 같아 발걸음을 옮겼다. 한 발짝 한 발짝 가까워지면서 유람선이 크게 클로즈업되는 모습은 내가 그 풍경 속으로 스며드는 환상으로 이어졌다.

유람선 선착장은 굵은 쇠사슬로 사람을 외면하고 있다. 새벽 강가의 정취를 만끽해 보려고 했던 마음이 살짝 밀침을 당했다. 잠시 순수한 자연의 풍경 속에 동승해 보고 싶었을 뿐인데 나를 받아들여 주지 않는다. 티끌 하나 없는 순백의 세계에 땟물 묻은 발자국을 남기지 말라는 것일까. 나 스스로 순수한 사람이라고 자부했다면 아무렇지 않게 쇠사슬 울타리를 넘었을 텐데 이렇게 머뭇거려지는 건 아마도 나에게 티가 묻어 있음을 인지한 것이리라. 잠시나마 순수하고 싶었던 마음에 왠지 모를 생채기가 생긴 것 같은 느낌이다.

거부한다면 굳이 들이밀지 않으리라는 마음에 등 돌리고 나와 작은 언덕 위로 방향을 돌렸다. 꽁꽁 얼어붙은 강을 내려다본다. 얼음의 두께는 얼마나 될까. 도대체 얼마나 깊은 두께이기에 꿈쩍하지 않는 것일까. 불쑥, 기어이 얼음을 깨트려보고 싶은 생각이 든다. 아까 던졌던 것보다 더 큰 돌멩이를 던져 쩍 갈라지는 모양을 보면 마음이 흔쾌해질 것 같다. 아마도 조금 전 순백의 정취로부터 밀려난 심사에서 오는 감정이리라. 그러나 얼음은 그리 만만하지가 않았다.

애꿎은 돌멩이질만 계속했다. 작은 돌멩이든 큰 돌멩이든 결코 얼음을 깨트리지 못했다. 적막에 싸인 새벽공기 사이로 오직 얼음에 부딪혀 나오는 소리만 쨍, 쩡, 텅 하고 울려 퍼졌다. 주변의 소음이 전혀 없었던 때문인지 부딪히는 음향은 한 치의 걸림돌 없이 고스란히 내 귀에 스며들었다. 돌멩이의 크기에 따라 다르게 들리는 음향에 귀가 예민해지더니 결국 어지럼증을 일으켰다. 얼음의 신음인 줄 알았는데 얼음에 튕겨 나온 돌멩이의 신음으로 들리는 것이다. 돌멩이들의 신음이 내 안으로 기어들어온다. 아니, 기실은 진즉부터 돌멩이들과 같이 신음하고 있었던 것이다.

단단한 얼음 같은 세상 앞에서 겁 없이 부딪힌 적이 어디 한두 번이던가. 때론 생각지도 못했던 싸움이기도 했고 일방적으로 당한 패배이기도 했다. 정말 순수한 마음으로 시도했던 일이 상처로 남기도 했고 미움과 질시로 똘똘 뭉친 오기이기도 했다. 더러는 고운 꽃으로 피어난 일도 있지만 저 얼음 위의 돌멩이들과 같은 일들에 대한 회한이 더 깊다. 좀 더 현명했더라면, 좀 더 여유롭게 살았더라면 싶다.

얼음이 쉽게 깨지지 않는 걸 보니 강의 깊이가 꽤 깊은가 보다.

물의 깊이가 깊을수록 얼음의 두께가 더 두껍지 않던가. 아마도 얼음 밑 내면 깊숙한 곳에는 많은 물이 묵묵하면서도 겸허히 흐르고 있을 것이다. 그 깊이를 헤아리지 못하고 강의 겉면만을 보고 쉽게 깨지리라고 생각했던 사실이 겸연쩍었다. 내가 그렇게 함부로 돌멩이질할 존재가 되기나 하는지, 이른 새벽 꽁꽁 언 겨울 강 앞에서 겸손을 배운다.

다랑이 마을

햇살이 참 맑았다. 바람은 더욱 싱그러웠고 다랑이 물결은 더없이 고왔다. 바다의 푸른빛이 그들을 돋보이게 밑받침하고 하루를 시작하는 고깃배들이 만들어 놓은 물길 따라 마을 소식이 업혀 나간다.

옹기종기 모여 있는 집들의 지붕 색이 화사하고 마을 정자 옆에는 벚꽃이 흐드러졌다. 그 위로 쏟아지는 햇살이 산뜻해서 눈이 부시건만 마을은 그저 고요하기만 하다. 동네 골목길 사이로 강아지 한 마리 어슬렁거리더니 어느 집으로 들어가 버리고 개나리가 휘늘어진 담장 너머도 봄기운이 나른하다. 그래도 마을 어귀 귀퉁이에 자리한 빨간 자동차 한 대가 마을에 활기를 띤다. 아마도 바닷가에 세워진 예쁜 펜션에 들어온 손님들의 기운이리라.

남해 다랑이 마을, 저 작은 마을은 언제 만들어지고 언젯적 사람들의 힘으로 이루어진 다랑이들일까. 한 평의 땅이라도 이용해서 식량을 얻으려고 했던 시절이라면 아마도 꽤 오래된 세월일 것 같다. 아버지의 아버지, 그렇게 대대로 이어져 내려온 삶의 터전이 지금은 누구의 손길에 식물이 자라고 있는지 궁금하다. 요즘엔 저 작은 다랑이에 만족할 젊은이들은 없으리라. 그보다도 자식들에게만은 구차한 생활을 물려주고 싶지 않은 부모의 마음이 더 도시를 향하게 하지 않았을까. 그래서 그 마을은 주로 나이 든 노인들의 생활터전이란다. 아니 이제 관광객들이 찾는 상품화 마을이 되어가고 있는지도 모른다.

나 역시 입소문에 이끌려 찾아갔다. 생각했던 대로 아기자기한 모습이 참 아름다운 곳이다. 하지만 농사를 짓기에는 무척 힘이 들 거라는 생각이 든다. 모든 농사가 기계화되어가는 요즈음 기계는커녕 괭이나 호미질하기도 복잡할 것 같은 느낌이다. 그래서일까 들녘의 풍성함보다는 집안의 텃밭 같은 아담함이 묻어난다. 마침 밭두렁에 퍼질러 앉아 일하고 있는 어느 노부부의 느릿한 몸짓이 정말 딱 어울리는 풍경이다.

전망대 아래로 인생지도 하나가 내려다보인다. 층층이 올라간 다랑이들이 각기 다른 모양으로 굽이친다. 그 높이와 넓이와 공간이 다르고 공기의 흐름이 다르고 햇볕의 양이 다르고 바람의 세기가 다르다. 그 속에서 자라는 색색의 농작물이 나이테 같은 결을 이루고 있다. 터벅터벅 딛고 올라온 세월의 잔주름이다.

아랫부분은 어린 꼬맹이들의 세상이다. 파도에 부딪혀 구르는 자갈에는 엎어지고 뒹굴며 까르르 웃어대는 소리가 섞여 있고 노란 유채꽃엔 티 없이 해맑은 표정이 어려 있다. 파릇한 마늘밭은 풋풋하고 맵싸한 청소년들의 세상이며 좀 널찍한 면적을 차지한 학교 운동장은 여유 만만한 장년들의 쉼터 같다. 다랑이 마을을 휘돌아 나가는 도로 끝머리의 벚꽃들은 노년의 흰머리로 그려졌을까.

세월의 잔주름 같은 다랑이 속에 내 안에 새겨진 잔주름도 함께 섞여 있음을 본다. 그곳엔 희로애락의 사연들이 수없이 줄줄 엮어져 있을 것이건만 그저 아름답게만 보이는 것은 바로 내 눈의 조화이리라. 아니 그렇게 보고 싶은 마음일까. 나는 지금 한 송이 수선화가 되어 있는지도 모르겠다. 될 수만 있다면 자신의 모습을 사랑하다 간 '나르키소스'로 환생해 보고 싶은 마음인 것이다.

그렇게도 오만하던 '나르키소스'는 자기 자신을 사랑하게 되면서부터 사랑의 의미를 깨닫게 되고 사랑의 힘을 느끼게 되지 않았던가. 한때 세상을 오만과 질시와 오기로 대했던 내 생의 한구석에 이제라도 가슴으로 사랑하는 힘을 챙겨보고 싶다는 생각인지도 모르겠다.

그러기 위해선 자신 없고 못나 보이고 작게만 느껴졌던 나 자신을 좀 더 어르고 달래서 당당하고 떳떳한 모습으로 추켜세워 봐야 할 것 같다. 다른 사람에게는 후하게 대하면서도 나 자신에게는 유난히 엄격하고 고지식했던 성격이며 이상을 따라주지 못한 육체를 못마땅하게 생각했던 마음 등등. 이제 그런 내 모습을 너그러이 보아주고 진정으로 사랑해 보고 싶은 것이다. 그래야만 타인을 향한 사랑도 진정함이 묻어날 수 있지 않을까.

구불구불 펼쳐진 저 다랑이의 굴곡을 바라보며 아름다움을 느끼는 내 마음에 찬사를 보내고 싶다. 그것은 그동안 어떻게 살아왔던 간에 지금 이 자리까지 이어 온 내 삶에 아름다움이란 단어로 종결을 짓고 싶기 때문이리라.

주산지

산자락을 따라 걸어가는 발걸음이 담방거린다. 늘 마음속으로만 상상해 오던 풍경 속으로 이미 풍덩 빠져 버린 모양이다.

절에 들어가려면 울타리가 없어도 반드시 그 문을 통과해야만 하고 그 문은 물에 잠겨 있었던, 문 양옆으로 서 있는 왕버들은 허연 수염을 늘어뜨린 노인만큼이나 연륜이 있어 보여서 자신도 모르게 손이 모이는 경건함을 품고 있었던, 〈봄 여름 가을 겨울 그리고 봄〉이라는 영화 속의 풍경을 상상하며 내딛는 발걸음이었다.

꼭 영화만을 생각하며 찾고 싶었던 것은 아니다. 아련한 물안개 속에 잠겨 수면 위에 자신의 속내를 오롯이 비추고 서 있는 모습을 보고 싶었던 것이 더 우선이었는지도 모른다. 계절의 변화를 겪을 때마다 색다르게 덧칠된 풍경의 아름다움을 참 많이 동경했다. 그러기를 몇 년, 모처럼 찾아온 기회였기에 주산지에 대한 기대는 몇 겹의 날개옷을 입었다.

산굽이를 돌아 저수지 둑 언저리에 다다를 즈음까지 산세의 풍경이 아름다워서 상상외의 그림일 수도 있을 것이라는 생각은 전혀 들지 않았다. 그만큼 그곳의 풍경은 머릿속에 그려진 대로만 있으리라 생각했다. 그러다 저수지 입구에 들어서는 순간, 펄럭이던 날개가 스스르 내려앉고 말았다. 물이 가득한 저수지가 아니라 물결모양의 줄띠가 그려진 메마른 땅이 면적의 반을 차지하고 있는 저수지였다. 전국적으로 최악의 가뭄이라는 사실이 그때서야 머릿속에 기어들어와 모든 것을 헝클어뜨렸다.

헝클어진 머릿속을 따라 내려온 신경 줄이 어지럼증을 일으켰는지 발걸음에 맥이 빠진다. 수면에 멋진 가지의 그림자를 비춰 보이는 나무는 아무리 휘둘러보아도 없다. 오랜 세월을 살았던 흔적, 갖은 풍파를 비켜가며 이리저리 굽어져 아름다운 곡선으로 살아남은 가지들만 물 위에 곱게 드러나 있지 않았던가. 그 모습을 보고 있노라면 내 심중의 무거운 짐 중 어느 가지를 잘라내고 어느 가지를 살려내야 할지를 알 수 있을 것 같았었다. 나무의 밑동이 보이지 않는 것처럼 시작점이 무엇이고 원인이 무엇인지를 구태여 말하지 않아도 내려다보는 수면 거울 앞에서 가지치기를 하며 정리가 될 것 같았다.

그런데 삭고 부러진 가지와 물 자국 자리가 허옇게 그려진 나무 밑동이 그대로 드러나 있는 버드나무라니! 그동안 물속에서 어떤 일들이 있었기에 그 많은 잔뿌리가 얼키설키 얽히고 뭉개져 저리 흉한 모습일까. 안타깝고 민망해서 고개를 돌려버리고 말았다. 허탈해진 마음이 부러진 날개에 얹혀 끝없는 낭떠러지로 곤두박질 쳤다.

왜 그렇게 허탈했던 것일까. 모든 생물은 다 생사고락을 겪는다는 사실을 뒤로한 채 항상 아름다운 모습으로 있을 것이라는, 그러기만을 바라는 내 관념이 어쭙잖다. 현실은 언제나 예외라는 사실도 함께 품고 있어야만 하지 않던가. 그런데도 이미 들어와 박힌 관념에 사로잡혀 있다가 나뒹굴고 말았다.

잠시 흔들린 정신을 가다듬고 다시 들러보는 풍경 속에서 멀리 수중에 떠 있었던 절이 클로즈업된다. 영화 속 절에는 담이 없었다. 넓은 저수지 한가운데에 동그마니 떠 있던 절과 그곳을 향해 들어가는 물속에 대문 하나가 덩그러니 서 있을 뿐이다. 아무런 경계선이 없는 절과 문, 그런데도 그 절을 드나들 때는 꼭 문을 통과해야만 하는 법칙이 주어졌다. 눈에 보이지 않으나 있다고 생각하는 관념을 일깨워 주는 장면들. 그것은 바로 우리네 삶에서 떼어 낼 수 없는 생사고락인 것을 의미했을 것이다.

직접 눈에 보이는 것에서 느끼는 감정보다 생각만으로 느끼는 감정의 깊이가 더 깊은지도 모른다. 그만큼 마음으로 즐기는 행복과 고통이 생의 대부분을 차지하고 있으니 그런 관념에서 벗어나기란 힘든 일일 것이다. 그렇다면 그런 것들을 그냥 껴안고 사는 것이 바람직하지 않을까. 실망으로 인한 허망함을 갖기보다는 그동안 아름다움만을 상상했던 순간에 감사해야 할 것이며 역으로 고통스럽게 생각했던 일들에서 탈피할 수 있는 순간엔 그 전환점을 기꺼이 고맙게 여겨야 할 것이다.

이제 철거되어 사라진 절문 자리엔 늙은 버드나무 둥치가 그 자리이었음을 증명해 주고 있었다. 언제쯤 저 저수지가 그득 차서 덤벙거리며 문턱을 넘어서는 모습을 그려 볼 수 있을지, 물이 찰랑거릴 때쯤 다시 찾아와야 할 것 같다. 아니, 내 마음속에 담 없는 대문 하나 만들어 놓고 그 문을 들랑거려야겠다.

칼과 도마 같은 부부

"칼과 도마는 시어머니가 사 줘야 한다는데요."

결혼을 앞둔 작은아들이 저희끼리 살림 준비를 하면서 하는 말이다. 그래야 한다면 준비해 줘야지 싶어서 그렇게 한다고 했다. 처음 들어 본 말이어서 생소하기도 하고 무슨 뜻일까 궁금하기도 해서 궁금증을 풀어보려 했지만 특별히 긍정이 가는 대목은 없었다. 그저 자르고 으깨는 것이 좋지 않으니 그런 것은 신부가 가지고 오는 것이 아니라는 정도였다. 그런 이유라면 삼가고 조심해야 할 일이 어디 한두 가지던가.

모든 건 생각하기 나름이라 했다. 부엌에서 없어서는 안 될 중요한 것들이니만큼 웃어른이 챙겨 주면 좋다는 뜻일 수도 있다. 무엇보다도 식구들의 건강을 생각하여 음식을 잘해야 한다는 의미일 수도 있을 것이다. 또한 서로 상대가 없으면 아무런 의미가 없는 물건들이니 부부가 화합하여 잘 살라는 의미일 수도 있다.

도마가 든든한 버팀목이 되어 주지 못한다면 칼인들 제 소임을 다할 수 있을까. 때론 거칠게 두들겨 댈 때도 무너지거나 망가져서는 안 되니 도마의 질은 단단해야 할 것이다. 속이 단단하지 못하여 칼질을 어설프게 만들고 빈약하여 할 일을 시원스럽게 마치지 못하게 한다면 도마로 운명 지어진 것이 무슨 의미가 있으리오. 설령 제 몸 위에 얹기 싫은 물건이 올라온다 해도 매몰차게 떠밀어 내지 않고 칼이 제 소임을 다할 때까지 지켜보아야 할 것이며 자칫 어긋난 칼질로 생긴 상처가 생길 수 있을지라도 담담히 받아 낼 수 있는 도량도 함께 지녀야 하리라.

칼이 주어지지 않는다면 아무리 멋진 도마인들 무슨 소용이 있을까. 번지르르하게 잘생긴 모습으로 진열대에 놓여만 있다면 생명을 잃은 물건에 불과한 일이다. 날카로운 칼날이 제 몸 위에서 춤추듯 놀아 주어야 도마가 비로소 살아 숨 쉬는 물건이 되는 것이다. 그러니 칼의 소임이 얼마나 소중한가. 그러나 제아무리 자신의 힘이 있어야만 하는 일이라지만 무딘 칼날로 몸살을 하듯 짓이기고 악을 쓰듯 힘을 가하면 도마의 고통이 어떠하리. 가볍게 스치듯 지나쳐도 스르르 잘려나가고 바람결처럼 부드럽게 다루기 위해서 칼은 자신을 늘 날카롭게 날을 세워야 할 것이다. 끊임없이 숫돌에 몸을 비벼가며 무디지 않으려 노력해야만 할 것이다.

물론 서로 좋기만 한 상대일 수는 없을 것이다. 서로 악연이 될 가능성도 있다. 도마가 너무 단단해서 칼의 탄력을 전혀 받아들이지 못한다면 칼만이 지니는 율동이 전혀 먹혀들어가지 않을 것이다. 때론 앞으로 때로는 옆으로 비켜 칼질을 해야만 모양 있는 음식이 나올 수 있을 것이며 가볍게 두드려 모양을 내야 하는 경우도 있을 것이다. 그럴 때마다 칼날의 움직임을 튕겨낸다면 칼은 더욱 심하게 자신의 몫을 하기 위한 몸부림을 치다 칼날을 다칠 수도 있을 것이다.

칼 또한 자신의 능력만을 과시하며 무분별하게 시도 때도 없이 두들겨 댄다면, 그래서 상대에게 골 깊은 상처라도 입히게 된다면 받침대 노릇으로 희생하고자 했던 마음이 영원히 지켜지겠는가. 결국은 돌이킬 수 없는 수렁으로 굴러떨어져 회복하기 어려운 상황이 되고 말 것이다. 그러니 서로 자신의 소임을 다하되 항상 상대를 배려하는 마음을 잃지 말아야 할 일이다. 이처럼 서로 상대를 위해 자신의 위치를 확고히 한다면 그 어떤 재료로도 멋진 음식을 만들 수 있을 것이다.

각기 다른 환경에서 자란 두 사람이 부부의 연을 맺어 가정을 꾸리다 보면 어찌 좋은 일만 있을 것인가. 어찌 보면 기쁨은 잠깐 반짝이는 햇볕이요 어려움은 긴 터널일 수도 있다. 꿈꾸었던 이상은 절박한 현실 앞에서는 물거품 같은 것인지도 모른다. 그런 어려운 일들을 잘 헤쳐나가려면 그처럼 든든한 도마가 되어주고 지혜로운 칼날이 되도록 서로 노력하고 배려하며 살아야 할 것이다.

그런 의미의 칼과 도마를 준비해 주는 것도 퍽 의미 있는 일이리라 싶어 선뜻 응해 주었다. 시일은 좀 지났지만 큰아들한테도 같이 사 주었다. 쓰고 있는 칼이 있어도 내가 주는 칼과 도마의 의미를 새겨 보기를 바라면서…….

주꾸미의 반란

일상에서의 탈출을 시도한 사람들의 얼굴들이 희희낙락하다. 요즘 한창인 주꾸미 철을 맞아 부안 나들이를 나선 것이다. 나이가 많건 적건 어딘가를 찾아 떠난다는 것은 즐거운 일이다. 몇 대의 차로 끼리끼리 나누어 탄 사람들의 모습은 마치 소풍 나온 유치원생들이다.

차창으로 들어오는 짭조름한 바닷바람이 코에 스며드는가 싶더니 어느새 격포항이다. 와르르 쏟아져 나오는 발걸음들을 잡는 호객이 더욱 구미를 당기게 한다. 하여 바다도 식후경이라며 식당부터 들렀다. 그곳에는 부안 분들이 먼저 와서 주인인 듯 우리를 반긴다. 이미 준비된 식탁 위엔 먹음직스러운 음식이 즐비하다.

냄비에서는 육수가 끓고 있고 그 옆엔 아직 살아 꿈틀거리는 주꾸미가 접시 밖으로의 탈출을 시도한다. 나가 보았자 부처님 손바닥이다. 그런데도 필사적으로 빠져나가려는 몸부림이고 사람들의 눈엔 그것이 그저 구경거리다. 가만히 하는 꼴을 보고 있다가 간간이 저들을 다시 제자리에 옮겨 놓는다.

다리 빨판의 흡인력이 대단하다. 몸통을 잡고 들어 올리려면 좀처럼 떨어지지 않는다. 사진을 상하로 늘리는 것처럼 길게 늘어나면서도 발은 그릇에서 떨어지지 않고 오히려 접시가 들먹인다. 어쩌다 가만히 있는 동안엔 사람의 손길이 닿을 때마다 꿈쩍 놀라 힘껏 움츠러들었다가 서서히 원상태로 돌아오는 모습이 마치 영화 속 '터미네이터' 같다.

저들은 잠시 후면 사람의 먹이가 된다는 것을 알고 있을까. 그래서 이탈을 꿈꾸는 것일까. 하지만 그것을 알 수가 없으니 저들의 행동은 이탈이 아니라 자신이 있었던 본연의 자리를 찾고자 하는 갈망일 것이다.

다리에 힘을 주고 힘껏 밀어붙이며 한없이 넓은 공간으로 떠다니던 자유를 갈망하고 먹이사슬 속에서 서로 견제하면서도 공생하며 살았던 팽팽한 삶을 찾고 있는 것이리라. 어느 날 갑자기 덫에 걸려 자기의 의지와는 상관없이 뛰어든 세상에서 갈 길을 몰라 허둥대는 것이 저들에게 주어진 운명일까. 거부할 수도 받아들여지지도 않는 삶의 한순간이 되어 버렸다.

저들에게 잠시나마 남아 있는 시간은 참으로 짧고도 귀한 시간이다. 그러나 한 치 앞을 알 수 없는 저들은 삶의 끝임을 알지 못하리라. 다만 전처럼 자유롭지 못한 것에 대한 아쉬움을 온몸으로 품어내고 있을 뿐이다. 촉수를 곤두세우고 있다가 무언가가 몸체에 닿은 듯싶으면 반사적으로 반응을 보인다. 어떤 놈은 까만 먹물을 쏘아 댄다. 아주 당차고 야멸친 반란이다. 자신을 찾고자 하는 반란, 그것은 살아 있는 생명에 주어진 본능이리라.

종족을 번식시켜야 하는 본능. 새끼를 지키고 키워야 할 의무, 또 다른 가족을 부양해야만 하는 책임, 더 나은 생활을 위한 경제적 자립. 이런 울타리 안에 갇혀 우왕좌왕하는 우리 또한 어느 신의 손바닥 위에 놓여 있는 삶이다. 우리가 주꾸미의 앞일을 알고 있듯 우리 또한 신이 알고 있는 주어진 길을 가고 있는 것이다. 그 길이 어느 쪽인지 얼마만큼의 시간이 남아 있는지 알 수 없지만 그때를 맞이하는 순간까지는 최선을 다해 살아가야 하는 생명이다.

이제 지나온 시간보다 남아 있는 시간이 얼마 되지 않는 나이다. 그동안 살아온 삶이 그리 어긋나지는 않았던 세월이다. 되돌아보면 마음 아픈 일도 많았지만 몇 가지 좋은 일에 그것들은 깊이 묻어 둘 수가 있었는지도 모른다. 그리고 이만하면 잘 살아온 세상이라고 생각하고 살아가는 나이이다.

그러나 앞으로 어떤 폭풍이 불어올지 모르는 일이다. 잘되어간다고 믿었던 일이 어느 순간에 구멍이 날 수도 있을지 어찌 알겠는가. 설령 그렇더라도 나름대로 대처해 나가는 방법을 터득한 나이라고 자위해 보지만 그것이 마음대로 되는 일이 아니다. 객관적인 입장에 서 있을 땐 누구나 긍정적이고 너그러운 생각을 할 수 있지만 자신이 당하는 일 앞에선 이성을 잃기 쉽다. 어쩌면 이것이 인간의 가장 근본적인 인성인지도 모른다.

나 역시 언제나 하찮은 감정 앞에서도 우왕좌왕하는 인간이라 어쩔 도리가 없다. 어쩌면 지금 어느 막다른 골목에 들어와 있는지도 모르고 헛된 욕망과 절망과 질시와 미움으로 기운을 다 소진하고 있는 것은 아닐까. 요즘 주꾸미를 닮은 몸짓으로 어설픈 반란을 일으키며 갈 길을 찾아 더듬거린다.

한 알의 소금으로

길게 이어진 길 양쪽으로 전봇대와 소금 창고가 죽 늘어서 있다. 살짝 기울어진 전봇대 하나와 얼키설키 엮인 나뭇조각에 찌든 염기가 희뜩희뜩한 낡은 창고는 천생 인연 같다.

그 앞으로 바둑판 같은 널찍한 염전에서는 뽀얀 소금 알갱이들이 탱탱하게 살이 오르고 있다. 햇볕의 정도나 시간에 따라 모양과 염도가 달라진다는 소금이 모아져 창고에 쌓이는 날은 염부들의 얼굴에도 소금에 절여진 땀방울이 방울방울 맺힌다.

염전은 칸의 역할이 다 다르다. 윗부분에선 바닷물을 그대로 가

두어 증발시키다가 그다음 단계로 차례차례 내려보낸다. 그러면서 점점 농도가 진해져 간다. 그 과정에 비라도 내리는 날은 통로마다 마련된 저장고에 농축된 염수를 보관했다가 날이 좋아지면 다시 증발지에 끌어내어 증발시킨다. 물을 증발시키는 데는 바람도 함께 불어야 한다.

잔잔한 염전 바닥에 드리워진 하늘 속 구름이 양 떼처럼 보인다. 거칠 것 없이 활개를 치던 바닷물이 어느덧 순한 양이 되어가는 모양을 보는 듯하다. 갇힌 굴레에서 어쩔 수 없이 받아들여야만 하는 운명처럼 그렇게 서서히 염부들의 손에 길들여진다. 그러다 돌돌 말려나오는 양털 같다고나 할까. 하얀 소금 무더기가 소복이 쌓이는 날은 염부들의 활기찬 웃음 속에 양 떼들의 울음소리도 함께 들리는 듯하다.

소금 알의 굵기가 천차만별이다. 같은 환경에서 그렇게 차이가 나는 것은 소금 한 알이 형성되어가는 과정 중 어떤 변수일까. 그늘이 드리워지고 아니고 하는 곳도 아니며 바람막이가 되고 안 되는 곳도 아닌데 말이다. 어쩌면 하늘의 구름 그림자나 바람의 흐름까지도 영향을 끼치는지 모르겠다. 과일이 맺어지듯, 어린아이가 자라듯, 소금 한 알도 그렇게 주위의 작은 변화에 조심스럽게 적응하면서 각기 다른 모습으로 만들어질 것이다.

굵기의 차이만큼이나 쓰임 또한 여러 가지이다. 그렇다고 무슨 대단한 위력을 발휘하는 것은 아니지만 우리 일상에서 없어서는 안 되는 소중한 것이다. 그 쓰임에 소금의 비중이 크다고 볼 수 있는 것 중 하나가 젓갈이다. 생선과 소금이 만나 곰삭혀진 젓갈의 맛은 입에 감친다. 온도와 장소, 숙성기간에 따라 독특한 향과 맛으로 우러나 미세한 혀의 감각을 자극하여 특별한 맛을 느끼게 해 준다. 자연의 조건에서 생긴 소금 한알 한알이 또 다른 풍미를 일궈 내는 것이다.

그 많은 바닷물 중에서 선택되어 소금 한 줌으로 태어나 또 다른 것을 탄생시키는 보람을 품게 된다는 것도 어찌 보면 축복받은 것인지도 모른다. 비록 자신의 존재는 흔적도 없이 사라지지만 그로 인해 완벽하고 충실한 것들을 만드는 데 밑받침된 것으로 충분하리라.

소금 같은 삶도 그리 나쁘진 않을 듯싶다. 비록 작은 물체에 지나지 않지만 소중하게 쓰이듯 어느 곳에서 어떤 생활을 하든 꼭 필요한 사람으로 살 수 있다면 그것도 좋으리라. 곁에 있는 사람들의 생활에 윤택함을 더해 주고 그들이 처한 환경에 맞게 살아가게끔 뒷받침을 해주는 역할도 나름대로 보람 있는 생활일 것이다.

붉은 노을이 염전 바닥을 물들일 무렵 소금을 긁어모으는 염부의 얼굴에 마지막 햇살 한줄기가 겹친다. 지는 해와 주름진 얼굴이 소금 무더기 위에서 삶의 무게를 재고 있다. 드넓은 바다를 그리워하는 소금의 회한과 늙은 염부의 표정, 그리고 온 세상에 다 쏟아내고 남은 잉걸불 같은 노을이 내 생의 무게와 저울질하며 어둠에 묻혀 간다.

거센 파도와 풍랑으로 몸부림치던 바닷물이 하얀빛으로 승화된 결정체, 그 하얀빛 앞에 서 있으니 회한으로 뒤엉킨 내 삶의 응어리들이 조금씩 빛이 바래 가고 있다. 얼마쯤 더 바래져야 나도 한 알의 소금으로 살았다고 자부할 수 있을까.

죄와 벌

파도가 잔잔하고 하늘이 맑다. 해변을 끼고도는 도로는 한낮의 오수에 졸리는 듯 한가롭고 섬에 사람들을 내려놓고 떠나는 여객선의 뱃고동 소리가 여유롭다. 나직이 휩싸이는 고요함에 빠져들며 내딛는 발걸음 따라 그림자가 동행한다.

적막 속에 묻혀 있어도 외롭지 않은 여행이다. 물결 속에서 부서지는 햇살을 보고 머리칼을 건드리는 살바람을 만나면서 마음은 어딘가로 향해 시간과 공간을 넘나든다. 행동도 마음도 한없이 늘어지는 고요 속에서 온몸 구석구석으로 퍼지는 평온을 느낀다.

고요하던 섬 하늘에 갑자기 갈매기 몇 마리가 뒤엉켜 날고 있다. 보통 때 보는 것과는 달리 뭔가 이상한 기분이 들어 자세히 살펴보니 입에 고기를 문 갈매기 한 마리를 놓고 몇 마리가 공격하고 있다. 그런데 이상한 건 갈매기들이 괴성을 지르면서 그 한 마리를 에워싸며 공격하는 것이다. 그 태도들이 그저 단순한 행동은 아닌 듯싶다. 뭐랄까, 고기를 물고 있는 갈매기를 응징하는 것 같다. 아마도 고기를 물고 있는 갈매기는 자신이 잡은 것이 아니고 다른 갈매기의 고기를 빼앗은 것인 듯하다. 그렇기에 다른 한 마리가 필사적으로 그 고기를 뺏으려 했고 또 다른 몇 마리는 고기를 물고 있는 갈매기를 같이 공격하고 있다.

고요한 적막이 흐르던 풍경이 저들의 괴성으로 술렁거렸다. 파도가 거칠어지는 것 같고 잔잔히 부서지던 햇살이 움찔거리는 듯 산란했다. 한껏 여유를 부리며 느긋하게 젖어 있던 내 감정들도 긴장하며 오그라들고 그 분위기는 금방 작은 섬 전체에 퍼져 나가 온통 어수선한 섬이 되어 버렸다.

섬뜩한 괴성은 한참이나 계속되고 그러다 고기를 문 갈매기가 갑자기 곤두박질치면서 물속으로 내려앉았다. 그 순간, 입에 문 고기가 떨어졌다. 그것이 실수로 그랬는지 아니면 견디다 못해 놓아 버렸는지 알 수 없지만 결국은 그 먹이를 먹지 못하게 된 셈이다. 그 뒤, 물속으로 내려앉은 갈매기를 몇 번 더 매몰차게 응징하던 갈매기들은 어딘가로 사라졌다. 비록 미물이지만 저들의 세계에도 규칙이란 것이 있고 그에 응하는 벌이 있는 것 같다. 죄에 대한 처벌을 받는 것이 당연한 일이고 그래야 한다는 사실을 알고 있다는 것이다.

잠시 술렁거렸던 분위기는 서서히 고요를 되찾았다. 그러나 다시 찾아온 적막은 처음의 그것이 아니다. 흐르는 공기 속에도 찰랑거리는 물속에도 한바탕 소란스러웠던 분위기의 여운이 남아 있다. 모처럼 평온을 느끼며 여유롭던 내 감정에도 흠집을 입어 씁쓸한 기분이 되어 버렸다.

잠시나마 혼란스러운 일상에서 벗어나고 싶어 나선 여행이었는데 예외일 것으로 생각했던 이곳에서도 살벌한 삶의 전쟁이 벌어지는 것을 보고 말았다. 피한다고 피해지고 보지 않는다고 해서 보이지 않는 것이라면 얼마나 좋을까마는 우리네 인생 여정이 그렇지 만은 않는 것이 문제다. 자신이 직접적인 피해자나 가해자가 아니라고 해도 어떤 일들이 일어났다는 사실을 알고 있는 것만으로도 기분이 달라진다. 누군가를 응징하는 마음이 되고 경계하고 꺼리는 심리가 되어 간다. 이것이 삼자의 처지에서도 공동심리로 느끼는 피해다.

요즘은 TV 보는 것이 두렵다. 섬뜩한 이야기에 소름이 끼치고 저런 일들이 내 가족에게도 일어날지 모른다는 생각에 잠을 설치기도 한다. 그야말로 인간이기를 포기하는 행동을 서슴지 않는 사람들을 보면서 마음이 분노로 들끓고 있다. 이것은 몇몇 사람만의 생각이 아닐 것이다. 온 나라 곳곳에 송곳처럼 뾰족한 분노의 감정들이 서슬 퍼렇게 번득이고 있다. 이런 감정들은 자칫 개인의 감정에 이입되기 쉽고 그러다 보면 작은 일에도 누군가와 감정 대립이 되기 쉽다. 이것이 공동심리로 겪는 피해이고 이런 일이 자주 있다 보면 사회 분위기에 큰 영향을 끼치게 될 것이다.

밝은 환경 속에서 살 수 있는 환경이 이루어져야 하겠다. 그렇기 위해선 죄에 대한 벌이 조금은 강화되어야 하지 않을까. 인간이기를 저버리는 사람에게 인간의 도리를 갖추어 준다는 것은 자칫 우리 사회를 어둡게 만들어 가게 할 수도 있다.

물론 경우에 따라서는 선처로 다스리는 경우도 있을 것이다. 그러나 피해자가 평생 상처를 안고 살아가야 하는 일이 생겼다면 가해자에게 그만한 대가를 치르게 해야 하는 것이 옳은 일이다. 그래야만 법치국가의 면목이 설 것으로 본다. 한 번 일어난 일은 다시 일어나서는 안 된다는 사실이 의식화되었으면 싶다.

모처럼 나온 여행이 섬뜩한 갈매기의 괴성으로 망가지긴 했지만 저 작은 새들의 세계에서 이루어지는 죄와 벌의 응징이 결코 그냥 구경거리만은 아니었지 싶다. 사회 구성 인으로, 가정의 일원으로, 내 삶 터전의 주인으로 지키고 삼가야 할 일들을 짚어본다.

02

달덩이 | 멋지고 당당하게 | 빗속을 뚫고
내게로 먼저 온 아이 | 자유의 한계 | 사랑의 잣대
갈대숲에서 | 쑥범벅 같은

달덩이

둥실둥실한 달덩이 하나 품었다. 언젯적 잃어버렸던 것이던가. 다시 돌아온 뽀얀 달덩이가 방실방실 웃는 모습에 넋을 잃는다. 달콤한 살 냄새, 시큼한 젖 냄새가 코끝을 간질이고 카랑한 울음소리가 묵직한 집안 공기를 팔랑팔랑 휘젓는다.

볼과 볼 틈새로 젖 냄새와 할미 냄새가 비벼져서 특유한 향이 된 것일까. 내 볼에 반지르한 윤기가 흐른단다. 누군가가 내 볼에서 소싯적 윤기를 보았다면 나는 내 품속의 달덩이에서 소싯적 내 어린것들의 젖 냄새를 맡고 있다. 오목조목한 윤곽에서 희미한 기억들이 솟아난다. 한 줌 물이던 것이 한 바가지 꿀물이 되고 한

동이 젖이 되어 앞자락이 흥건히 젖는다. 젖은 옷자락 사이로 손가락이 꼬물거린다.

손녀딸의 고사리 같은 손가락에서 내 어린것들의 손가락 감촉이 전해온다. 물컹거리는 향수를 지그시 깨물어 본다. 힘껏 깨물지 못하고 남는 힘이 온몸에 짜릿한 쾌감을 일으키며 근육을 팽팽하게 만든다. 고만한 시기에 찍었던 제 아비 사진을 놓고 닮은 점만을 꼭꼭 찍어내며 껄껄거리는 남편의 눈빛도 팽팽하던 옛 시절의 표정이다.

시어머님의 손길도 당신 아들의 어린 모습을 더듬거린다. 아기의 발뒤꿈치를 만지작거리며 초석 위에서 발뒤꿈치 벗겨지며 울도록 보살피지 못했던 한을 넌지시 풀어놓는다. 화려하고 고급스러운 아기용품 앞에서 별천지 구경하듯 눈만 껌벅거린다. 우윳빛 살결과 거북이 살갗 같은 손등 사이의 거리가 한 세기에 가깝다. 참으로 길고도 짧은 끈이다.

옹알이하는 달덩이 앞에서 나도 같이 옹알이하는 달이 된다. 아이는 무궁무진한 얘기를 끝없이 쏟아내건만 나는 제대로 파악도 못 하면서 그저 아는 체를 한다. 매일 아는 체하느라 한 말을 또 하고 또 하며 겨우 아이와 입맞춤한다. 60년 가깝게 살면서 배운 말이 이제 겨우 100여 일을 산 아이의 말에 감당을 못하지 싶다.

등에 밀착된 살 감촉의 뭉클거림, 제 입에 닿기만 하면 무조건 빨아대는 간질거림이 피부 깊숙이 파고든다. 그 감촉이 좋아 아기의 엉덩이를 받친 팔을 꽉 조였다 풀었다 하며 거울 속에서 업은 아이와 눈 맞춤을 해본다. 한참을 어리둥절하다가 입을 함박만 하게 벌려 웃는 얼굴에서 내 모습을 찾아보지만 나를 닮은 곳이라곤 없는 것 같다. 왠지 서운해서 수시로 거울 앞을 서성대다가 기어코 하나 찾았다. 쫑긋 선 귀가 닮았다. 평소에 불만스러웠던 내 귀였건만 손녀의 귀는 그저 귀엽다. 그러고 보니 내 귀도 덤으로 괜찮아 보인다.

잠자는 모습을 보고 있노라면 쌕쌕거리는 숨소리가 미세한 떨림으로 내 가슴에 살포시 들어와 앉는다. 떨림은 거미줄 망처럼 연결된 핏줄을 따라 내 온몸을 휘돌아서 영혼에까지 파문을 일으키며 나를 제 몸속으로 끌어들인다. 아이의 몸속을 드나들며 유영하다 보면 거뭇하게 녹슬기 시작하던 마음이 서서히 걸러진다. 어느덧 내가 아이를 닮아 간다.

내 주위가 온통 아기와의 눈 맞춤 높이로 보인다. 고만고만한 아이들에게서 훗날 손녀의 모습을 상상하며 혼자 히죽거리고 이미 장성한 아들들을 소싯적 아이들로 여기는 말투가 그렇다. 묘한 반응이 뒤통수를 간질이고 한바탕 웃음이 긴 끈으로 연결되어 이리저리 번진다.

막 엎어지려고 안간힘을 쓰는 아이를 향해 응원이 한창이다. 아이는 힘겹게 용을 쓰다 도로 제자리로 돌아가 버리며 우는데 머리 맞대고 앉은 어른들은 그저 환한 웃음이다. 얄궂은 심사들이 모인

4대의 함성이 창밖으로 치닫는다.

진한 핏줄로 엮인 강강술래, 그 속에 달덩이 하나 둥실둥실 살이 찐다.

멋지고 당당하게

갑자기 '철썩!' 하는 소리에 모두 어안이 벙벙했더란다. 목욕탕에서 나와 옷을 입으려고 서 있는 어느 부인의 엉덩이를 느닷없이 찰싹 때리고는 아무렇지도 않은 듯 바라보는 어린 꼬맹이와 엉덩이를 맞은 아줌마의 어이없는 표정이 교차하는 순간 탈의실 안은 긴장감이 감돌고, 그러다 "내 엉덩이가 미우니?" 하는 말과 함께 터져 나온 웃음소리가 탈의실을 웃음바다로 만들었다나?

세 살배기 우리 손녀딸의 엉뚱한 행동이었다. 어쩌면 그리 제 아비 어릴 적 행동을 닮았는지 그야말로 꽉 찍어 놓은 붕어빵이다. 호기심도 많고 모험심도 많아 키우면서 무척 힘들었던 작은아들이었다. 가위가 잘 드는지 시험해 본다고 새 옷을 가위질하지 않나, 망치질해 본다고 농짝에다 못질을 하지 않나, 그야말로 개구쟁이 노릇을 하면서 크더니만 그 딸도 제 아비 못지않나 보다.

그 아줌마는 얼마나 황당했을까. 그래도 재치 있는 유머로 넘기면서 예쁘게 보아주었다니 참 고마운 분이다. 자다가도 웃음이 나와 이불 속에서 쿡쿡거렸다. 어린것이 손때도 매웠던지 제법 소리가 컸다는 것 보면 힘도 장난이 아닌 듯하다. 노는 것을 보아도 힘이 남아돈다. 장난감을 가지고 노는 것도 그렇고 타는 놀이를 해도 아슬아슬할 정도로 몸을 굴린다. 남자아이로 태어나려다 여자아이가 되었나 싶다. 그야말로 선머스마가 아닌가. 그런데 옷은 치마만 입고 싶어 한다니 그것 참 맹랑하면서도 귀엽기 짝이 없다. 개구쟁이일망정 건강하고 당당한 여성으로 자랐으면 좋겠다. 비록 여자아이지만 남자들 못잖은 담력과 배짱을 가진다면 못할 일이 있을까. 요즘처럼 여성 전성시대에 무슨 일이든 하고 싶은 일에 자신있게 도전하는 노력을 겸한다면 더없이 좋을 일이다.

요즈음 두 손녀를 가만히 눈여겨보곤 한다. 벌써 무엇을 시키겠다고 극성을 부리지는 않더라도 뭔가 소질이 보이는 부분이 있다면 일찍부터 그 특기를 살려 주면 좋겠다는 생각을 해 본다. 능력도 없는데 이것저것 벅차게 가르치기보다는 본인들이 흥미를 느끼고 있는 어느 한 가지를 꾸준히 학습시켜 그 부분에서 빛을 보게 해 주면 좋겠다는 마음이다.

동계 올림픽에서 정상에 올라선 꿈나무들을 보라. 그 얼마나 싱그럽고 아름다운 모습들인가. 특히 피겨 여왕이 된 '김연아'의 아직 앳된 모습 어디에서 그런 당당하고도 야무진 행동이 나오는지 감탄을 금할 수 없다. 그 유연한 몸짓 한 동작 한 동작을 볼 때마다 그 뒤에 흐르는 긴 여운이 무대를 휘감아 돌 땐 숨을 쉴 수도 없는 경지로 몰아넣었다.

그 어느 선수보다도 여유와 풍부한 표정 연기로 만인의 가슴을 울렁이게 하였다. 점수를 놓고 다투는 운동이 아니라 스스로 그 순간을 즐기며 삼매경에 빠진 모습 아니던가. 그녀의 손끝과 발끝에서 나오는 유연함이 긴 끈이 되어 빙상 경기장을 휘감아 돌았고 태극기 깃발도 함께 출렁거렸다.

물론 그녀의 성공 뒤에는 그녀 못지않게 힘들어 했을 분들이 있었기에 가능했을 것이다. 그 사람들의 노고에도 큰 찬사를 보내고 싶다. 특히 코치의 남다른 훈련 방법이 참 마음에 든다. 선수를 선수로만 키우기보다는 스스로 즐거움을 느끼고 행복을 느끼는 마음이 되도록 이끌어 냈다는 훈련 방법이 얼마나 인간적인가. 나라를 대표하는 선수이기 전에 본인 스스로 즐거움을 느끼면서 속에 간직된 끼를 끌어내게 하였다는 것이다. 하기 싫은 일을 억지로 이끌리듯 마지못해 따라 하기보다는 하고 싶어서 하는 일에는 결코 실패가 없다는 사실을 일깨워 준 셈이다.

학교 수업을 마치고 시간에 쫓기듯 이리저리 여러 학원을 옮겨 다니는 요즘 아이들의 모습을 볼 때마다 안타깝다. 가정 형편이 그럴만한 능력이 있다는 면에서는 부러운 일이겠지만 그러지 못하는 형편의 아이들에게는 더욱 문제가 된다.

내 손녀들은 어떤 특기를 가지고 태어났을까. 저희 부모가 잘 알아서 키우겠지만 난 그 애들에게 남들처럼 이 학원 저 학원으로 이끌려 다니는 학습을 하지 않았으면 좋겠다. 지금부터 제 하는 행동들 눈여겨보았다가 한 가지 뭔가 이룰 가능성이 보이는 것이 있다면 오로지 그 하나를 위해 능력을 키워주는 교육이 되었으면 좋겠다.

그런 마음 때문일까. 큰손녀(큰아들 딸)가 다니는 어린이집 홈페이지엘 자주 들어가 본다. 사진이나 동영상을 보면서 선생님의 지시에 따라 하는 표정이나 행동 하나하나를 유심히 들여다보곤 한다. 아직은 여리고 여성스러운 귀염둥이라서 특별히 뛰어난 점은 없지만 음악에 맞추어 움직이는 행동이 박자를 잘 맞추는 것 같아 음악성이 있지 않나 싶다.

작은손녀(작은아들 딸)는 아직 엄마 품에서만 자라지만 가끔 전화로 오가는 대화에서 대담한 성격임을 느끼곤 한다. 낯설거나 겁을 내지 않는, 그야말로 당당한 여성으로 자랄 듯싶다. 비록 계집애지만 골목대장을 할 것 같고 통솔력이 강한 아이로 성장할 것 같아 기대된다.

아무튼 후에 어떤 일을 하든 자신에게는 떳떳하고 남에게나 사회에 조금이라도 도움이 되는 사람으로 멋지고 당당하게 자라주었으면 좋겠다.

빗속을 뚫고

와이퍼를 최대로 작동해도 앞이 잘 보이지 않는다. 고속도로를 달리는 차들이 모두 비상등을 켜고 거북이걸음이다. 함부로 차선을 바꿀 수도 없고 속도를 더 낼 수도 늦출 수도 없다. 어느 차 한 대가 조금이라도 삐끗하면 그야말로 도로는 엉망이 되어 버릴 조짐이다.

운전대를 잡은 어깨에 힘이 들어가고 눈이 흐릿해질 정도로 긴장되어 목이 뻐근하다. 웬만하면 휴게소에 들러 비가 개기를 기다려도 되건만 그럴 시간도 아까워서 그냥 지나쳤다. 가다 서기를 반복하다 보니 계속 페달을 밟아야 하는 다리가 먹먹해져 갔다.

자식들은 어떻게 키웠는지 모르겠다. 손자들을 대하는 마음이 어찌 자식들보다 더 애타는 때가 많은지 모를 일이다. 이제 돌을 앞둔 손자 녀석이 갑자기 눈을 뜨지 못한다는 소식을 듣는 순간 얼마나 가슴이 철렁하던지 좀 잠잠하던 심장이 다시 벌렁거리는 증상이 나타났다. 그런 상태에서 장거리 운전을 한다는 것이 무리인 줄 알면서 그 억수 같은 빗속을 마다하지 않고 운전대를 잡은 것이다.

제 어미 뱃속에 있을 때부터 종종 애를 태우더니만 태어나서도 자주 병원 신세를 진다. 그럴 때마다 가까이 있지 못하고 먼 곳에서 마음만 졸이곤 했다. 그런데 이번엔 그냥 소식으로만 접하고 말 상황이 아니다. 눈병이 심해서 각막이 손상되었다는 것이다. 그것이 잘못되어 평생 눈을 못 보게 되면 어쩌나 하는 노파심이 성난 파도처럼 걷잡을 수 없는 불안으로 밀려왔다.

늘 듣던 음악도 왠지 소음으로 들려 스위치를 끄고 나니 오로지 빗소리만 좁은 차 안에 가득하다. 그 소리는 점점 압축되어 언제 터질지 모르는 폭탄처럼 긴장감을 고조시켰다. 베토벤의 〈운명〉이 이런 심정에서 지어진 것일까. 숱한 일들을 견디면서 곧잘 운명이라는 단어를 되새기곤 했다.

하지만 아직 어린 손자를 놓고 운명을 논하고 싶지는 않다. 아니, 그런 일이 벌어져서도 안 되지만 설령 그런 일이 벌어질 순간에 처한다 해도 그 운명이라는 그물에 걸려들지 않게 해야 하리라는 각오가 입술을 깨물게 한다. 그 긴 시간 내내 입술을 앙다물고 운전대를 잡았다.

병실 문을 열고 들어서는 순간 통통 부은 손자의 눈이 커다랗게 클로즈업되어 들어왔다. 안구가 툭 불거져 나온 것 같은 눈두덩이 무척이나 무거워 보였다. 앞뒤 가릴 경황도 없이 아이를 안아 보려고 했지만 아이가 무척 예민해져 있어 엄마 품에서 좀처럼 떨어지려 하지 않는다.

내 목소리를 들은 아이의 손끝이 제 어미 옷자락을 움켜쥔 채 바르르 떤다. 눈으로 볼 수가 없으니 더 불안해한단다. 귀에 익지 않은 목소리만 들려도, 사람들 들어오는 발걸음 소리만 들려도 불안해하며 울어서 의사나 간호사들도 애를 먹는다고 했다.

엄마만 찾는 아이 때문에 며느리가 지칠 대로 지쳐있었다. 조금이나마 쉬게 해 볼까 싶어 내가 엄마인 것처럼 속임수를 써 보았다. 내 얼굴 옆에서 아이 이름을 부르게 하고 내가 살짝 들어 올렸더니 내 손이 닿는 순간 움찔 놀란다. 순간적인 접촉만으로도 제 어미가 아님을 눈치를 챘다. 그러고 나서 손으로 내 얼굴을 더듬어 보고는 악을 쓰며 발버둥을 치는 것이다. 그 모습이 얼마나 처절하던지 제 어미에게 그냥 넘겨주고 말았다. 다시는 엄마에게서 떨어지지 않겠다는 심정인지 바짝 엉겨 붙은 채 한참을 흐느끼다가 겨우 잠이 든다.

유치원에 갔던 제 누나가 와서 시끄럽게 쫑알대니 어둡던 아이의 얼굴이 조금 환해진다. 보진 못해도 목소리만 듣고 누나가 왔다고 손뼉을 치며 좋아한다. 동생의 심각성을 아는지 모르는지 유치원에서 있었던 일들을 신이 나게 이야기하면서 노래를 부르자 아이는 몸을 들썩거리며 박자를 맞추어 춤추는 시늉을 한다. 평소에 가지고 놀던 장난감을 주니 희한하게도 눈을 뜬 상태에서 가지고 노는 것처럼 잘도 가지고 논다. 평소에 보았던 장난감 모양을 기억하는 모양이다.

눈으로 보지 못하니 청각, 촉각이 무척 예민하게 반응을 하고 있었다. 단 며칠이지만 시간이 지남에 따라 스스로 적응하는 방법을 조금씩 터득해 가는 모습이 보인다. 울기만 하는 것보다는 좋아 보이지만 왠지 그 모습조차도 안쓰러워서 가슴이 찡하다. 시각 장애인들이 이렇게 살아가는가 보다 하는 생각이 실감나게 다가왔다. 장애를 갖고 사는 사람들과 그 가족들의 아픔이 피부로 느껴지면서 그들의 아픔을 그저 머리로만 이해하고 있었구나 싶다. 진정한 이해는 공감이 따라야 한다는 사실도 절실하게 느껴졌다.

양면성이 있는 의사의 말을 어디까지 믿어야 하나 싶어서 그의 입을 주시했다. 치료가 잘 되면 4, 5일 후에는 좋아질 거라는 말을 믿고 싶어서 그다음 말은 기억하지 않기로 했다. 좋아진다는 단어만 기억하기로 하고 4일을 넘겼다. 5일이 되던 날, 아이는 기적같이 눈을 떴다. 병원 측에서는 별것 아닌 것처럼 가볍게 웃어넘겼지만 나에게는 기적같이 느껴졌다. 그만큼 마음 졸였던 일이었기에…….

비를 몰고 갔다가 비를 몰고 돌아왔다. 갈 때나 올 때나 억수로 쏟아지는 빗길이었다. 그런데 돌아오는 차 속에서 듣는 빗소리는 낭만이었다. 빗소리와 어우러진 음악을 들으며 여유 만만한 마음으로 차분한 여행을 했다. 같은 길, 같은 빗속에서 두 가닥의 마음이 희비 쌍곡선을 그렸다. 산다는 것은 바로 이런 희비 쌍곡선을 안고 있는 것인가.

내게로 먼저 온 아이

통통한 사내아이였다. 팔목과 무릎의 관절이 오목 들어가고 양쪽으로 두툼히 올라온 살집이 부풀대로 부푼 빵처럼 포동포동했다. 그야말로 장군감이었다.

그런 아이를 안고 있다가 큰며느리에게 넘겨주었다. 꿈치고는 너무 선명하고 의미 있는 꿈 같아서 며느리에게 임신한 것 아니냐고 물었더니 아니라고 했다. 몸 상태로 봐서 그럴 리가 없다는 것이었다. 분명히 태몽 같은데 싶으면서도 그냥 넘겨 버렸다.

얼마 후, 다시 그 아이 꿈을 꾸었다. 내가 넘겨준 아이가 큰며느리 품에 안겨 있었다. 혹시나 하는 의혹에 물어보고 싶었지만 없는 아이 재촉하는 것 같아 참고 있는데 전화가 왔다. 임신이라는 것이다. 태몽이 맞구나 싶었다. 그런데 대부분 임신 직후에 태몽을 꾸는 것이거늘 나는 훨씬 전에 꾸었으니 웬일일까.

그러고 보면 그 녀석은 제 어미보다도 내게 먼저 온 아이다. 그래서인지 나와는 어떤 인연일까 하는 궁금증이 떨쳐지지 않는다. 아무리 살펴보아도 나를 닮은 구석이라곤 전혀 없고 나를 따르지도 않으니 더욱 이상하다. 내 곁에 잘 오지 않으려고 하는 걸 알면서도 자꾸 살살 건드려 환심을 얻어 보려 하지만 내게는 어림도 없다는 표정이다.

나들이를 갔다가 제 엄마는 구경 가고 잠시 내가 아이를 돌보고 있었다. 처음엔 엄마 떨어지지 않으려고 칭얼대더니 엄마 모습이 보이지 않자 울음을 멈추었다. 계속 울면 어쩌나 하고 걱정했는데 의외로 쉽게 그쳤다. 그런데 슬쩍슬쩍 내 얼굴을 쳐다보며 눈치를 보는 것이었다. 그러면서 핸드폰을 들여다보며 보란 듯이 꾹꾹 눌러 보기도 하고 내 손에 있는 것을 가져가기도 했다. 이제 좀 친해지려나 보다 하고 반가웠다. 아이보다 내가 더 신이 나서 이런저런 말을 하고 어르며 놀았다.

저도 내게 무슨 말인가 하려는지 "어!" 하는 소리를 자주 했다. 어느 땐 길게 했다가 짧게도 하고 크게 했다가 작게도 했다. 나름대로 의사표시를 하는 것 같은데 도통 알 수가 없어서 좀 곤란했다. 그러다 나를 빤히 쳐다보더니 빙긋이 웃는다. 아! 짝사랑만 하다가 처음으로 교감을 나누게 되는 순간이랄까. 저는 그저 하는

짓이건만 나는 들떠서 날아갈 것 같다.

이대로라면 곧 친해져서 내게도 잘 안기겠지 싶다. 살짝 안아보니 저항하지 않고 안겨서 내 입도 만져보고 코도 만져본다. 간질거리면서도 그 감촉이 얼마나 좋던지. 그저 나 혼자 좋아서 얼굴 비벼 대는 것에 비하랴. 손끝으로 전해오는 짜릿한 느낌이 온몸에 퍼져 나가면서 나도 같이 아이가 되어간다. 서로 장난치다 "앙!" 하고 손가락을 깨물 뻔했다.

이럴 땐 제 엄마가 좀 늦장을 부려도 좋을 성싶다. 누구나 경험하는 일이지만 아기 떼어놓고 가는 엄마는 언제나 불안하지 않던가. 그런 엄마 마음은 아랑곳하지 않고 마음속으로 쾌재를 부르며 즐거워했다. 지금 이 순간만이라도 온전히 내 손자의 할머니가 되고 싶었다. 아이도 그런 것 같아 흐뭇하기만 했다. 이 시간이 좀 더 길었으면 싶다.

그러나 그 시간은 잠시였다. 제 엄마가 돌아와 차 문을 열고 아이와 눈을 맞추는 순간, 이 녀석이 갑자기 고함을 지르듯 큰 소리로 울었다. 순간의 동작이었다. 제 엄마는 어리둥절했고 나는 당황스러웠다. 내가 뭘 잘못했거나 꼬집지 않고서야 저렇듯 성난 소리로 울어댈까. 며느리도 나도 황당한 눈빛이 오고 갔다. 물어볼 수도, 변명할 수도 없는 상황에서 아이가 내게서 제 엄마의 품으로 건너갔다.

제 엄마 품으로 가더니 살며시 나를 돌아본다. 그리고는 행여나 엄마 품에서 떨어질세라 엄마 목을 꽉 움켜 안으며 얼굴을 돌려버린다. 내게는 절대 오지 않겠다는 무언의 메시지다. 그럼 이 녀석이 그동안 나에게 한 행동은 제 엄마 없으니까 잠깐 알랑방귀(?) 뀐 거란 말인가. 이제 돌쟁이 어린것이 벌써 이런 눈치를 보다니. 이거 너무한 것 아닌가 싶어 얄밉기도 하고 앙증맞기도 하다. 또한, 그만큼 인지능력이 발달하고 있구나 싶어 좋기도 하고 역시 그랬구나 싶어 서운하기도 했다.

그래도 어쩌랴. 이래도 내 손자, 저래도 내 손자인 것을. 그것도 요 녀석은 내게 먼저 온 아이 아니던가. 훗날 태몽 이야기를 해주며 으름장을 놓으면 아마도 꼼짝 못하고 이 할미 사랑을 밀어내지는 못할 것이다. 그때는 내가 쏟은 몇 배의 사랑을 받아 낼 수 있으리라는 희망을 품어 본다.

세상살이라는 게 그리 만만하기만 하는 것이 아니거늘 어쩌면 적당히 타협하고 소통하는 방법을 터득해야 할 터이다. 아직 옳고 그름을 알지 못하겠지만, 저 작은 감정에서부터 삶의 지혜를 얻어 가는 것이리라. 좋은 환경에서 좋은 것만 보고 자라는 연약한 성품보다는 적당히 부딪치는 일들도 경험하면서 탄탄한 아이로 자랐으면 좋겠다. 그러고 보면 저런 감정들을 잘 다스릴 줄 아는 아이로 자라도록 마음 써 주어야 할 일이다.

잠든 아이의 얼굴을 바라보며 개구쟁이라도 좋고 알랑방귀 좀 뀌어도 좋으니 몸과 마음이 함께 건강하고 씩씩한 아이로 성장하기를 빈다.

자유의 한계

'와!!!'

우렁찬 함성과 함께 졸업생들의 사각모자가 일제히 강당 천장을 향해 솟구친다. 이제 새로운 세상을 향해 나가는 그들의 표정엔 탱글탱글한 웃음이 넘친다. 그것을 바라보는 재학생들의 표정 역시 함께 즐겁다. 송사나 답사 대신 신세대들이 좋아하는 음악으로 대신한다는 학교도 있다는데 못내 아쉬워했던 우리 세대의 졸업식과는 너무 거리가 먼 광경이다.

행사장 뒤편에서 졸업식에 임하는 학생들의 모습을 지켜볼 수 있었다. 다소곳이 자리를 지키고 있는 학생도 있지만 금방이라도 자리를 박차고 나서고 싶은 행동을 하는 학생들도 있었다. 잠깐의 시간마저 아까운지 어서 빨리 탈출하고 싶은 마음들이 역력했다. 다만 단상 쪽을 슬쩍슬쩍 쳐다보며 건성으로 손뼉을 치는 걸로 간신히 졸업식에 대한 예의를 지키고 있었다.

식장 분위기를 완전히 뒤엎을지도 모른다는 그들에 대한 넘친 내 생각이 문제였을까. 식이 진행되고 있는 내내 그들의 행동에 대해 조바심이 났다. 식을 마치는 순간, 내가 무슨 책임을 져야 하는 위치에서 무사히 위기를 넘긴 사람처럼 안도의 숨을 쉬었다. 어른들의 이런 노파심을 아는지 모르는지 식장 밖에서의 행동들도 아슬아슬하기만 했다. 자신들의 행동이 어떠한지는 전혀 문제가 되지 않았다. 오히려 마냥 흥겹고 즐거운 표정들로 축제가 벌어진 듯했다.

아버지 없이 자란 아이라서 혹 되바라지지는 않았을까 싶었다. 그러나 생각보다 의연한 모습이어서 마음이 놓였다. 두 아들을 대학까지 입학시키는 일이 끝나자 홀가분하면서도 조금은 허탈해 보이는 올케의 어깨가 안쓰럽다. 혼자서 거센 아들들을 다루기가 얼마나 힘든 일인지 아느냐는 말엔 늘 가슴이 저렸던 터다. 그래도 저렇게 반듯하게 키웠으니 어찌 대견하지 않으랴.

점심을 먹으며 그들의 대화에 귀를 기울였다. 아직 끝이 나지 않은 문제가 도사리고 있었으니 조카들이 원하는 자유가 문제였다. 좀 더 넓은 공간으로 나가고 싶은 자유와 될수 있으면 가까이 두고 싶은 어미의 정이 줄다리기를 하고 있었다. 경제와 정과 자유가 삼각형을 그리며 맴돌고 있었다. 올케의 작은 어깨가 자꾸 움츠러들었다. 제 아비 닮아 고집이 세다는 말로 내게 원망인지 원정인지 모를 도움을 청했다.

어항 속의 금붕어가 생각났다. 금붕어 집에선 각종 화려한 고기들이 비좁은 공간에서 헤엄치고 있다. 팔기 위한 고기들이어서 물속을 유영하는 동선이 그리 넉넉한 공간은 아니다. 그러다 누군가의 눈에 들어 팔려 나가면 좀 더 넓은 공간으로 옮겨질 것이고 그때 주어진 어항의 크기에 따라 삶의 터전이 정해지는 것이리라.

조카들의 혈기 왕성한 눈망울을 들여다보며 얘기를 했다. 금붕어에 주어진 자유는 어항 안에서 누릴 수 있는 것이 한계이고 제아무리 널리, 높이 뛰고 싶어도 그 공간을 넘을 수는 없다. 고기가 끝없이 넓은 세상에 나가겠다고 물 밖으로 튀어 나간다면 그것은 이미 삶을 포기하는 일이 되는 것이다. 그러니 크기가 정해진 어항 속에서 다른 것과 걸림이 없이 움직일 수 있는 동선을 찾아내는 것이 최선이고 최대의 자유라는 것임을 알아야 한다. 유영하는 동선의 크기와 형은 스스로 만들어 내고 창조할 수 있는 것 아니겠느냐. 그러니 너무 지나친 자유를 원하는 것은 그리 바람직하지 못하다. 비록 작은 공간일망정 다른 사람들이 눈여겨볼 수 있는 멋진 유영을 할 수 있는 사람이 되라는 등의 말로 엉킨 끈의 매듭을 풀어 보았다.

고개 끄덕이며 다소곳이 들어주는 조카들이 미덥고 사랑스러웠다. 젊은 혈기로 어깃장이라도 놓으며 박차고 나가면 어쩔까 하는 생각에 조심스러웠던 나도 조금은 가벼운 마음이 되었다. 조금만 저들을 이해해 주고 다독여 주면 어긋나지는 않을 것들을 왠지 선 밖으로만 향하리라는 청소년들에 대한 관념이 오히려 더 문제가 될 수도 있는 것 같다는 생각이 들었다. 하지만 너무 지나친 배려도 그들에겐 독이 될 수 있을 터이니 중용을 지킨다는 게 어찌 쉬운 일일까.

식사를 마치고 나오면서 조카의 옷에 남아 있는 밀가루를 가만가만 털어 주었다. 하나의 관례처럼 되어버린 밀가루 폭탄은 얽매인 교복과의 결별을 말한단다. 털어 버려야 할 것들을 그런 식으로 떨쳐 버릴 수 있다면 얼마나 좋을까. 가장이 없는 가정에서 있었던 서럽고 힘든 일들일랑 모두 그렇게 떠나보내고 밝은 마음으로 살아갈 수 있기를 염원한다.

사랑의 잣대

우리 집 세 가족이 갑자기 주말 부부가 되었다. 울진으로 파견 근무 갔던 큰아들네가 대전 본사로 복귀를 앞두고 며느리와 아이들만 먼저 이사를 했고 작은아들은 경기도에서 먼 태안 안면도로 발령이 나서 가족들과 떨어져 있다. 뒤이어 나는 아직 백일이 되지 못한 아이를 데리고 있는 큰며느리를 도와주고자 대전에 있다. 그러다 보니 가족이 모두 주말 부부가 된 것이다.

참 묘하게도 갑작스러운 상황이 되어 버렸다. 제각각 아직 익숙하지 못한 집안 분위기에 모두 어수선하고 심란한 과정을 겪느라 나름대로 마음고생들을 하고 있다. 특히 어린 손녀들의 감정 변화가 크다. 밑으로 동생들을 둔 뒤로는 엄마의 사랑을 뺏긴 허전함을 아빠에게서 채우고 있었던 터라 많이 혼란스러워한다.

그래도 어떻게든 거리감을 줄여 보려고 노력을 하는 모습이 가상하다. 화상통화를 통해 서로 대화를 나누다 보면 마치 함께 생활하는 것처럼 느껴진다. 서로의 얼굴을 보면서 그날 있었던 얘기를 나누기도 하고 식사시간을 맞추어 각자 무슨 반찬인가를 확인해 가며 먹기도 한다. 비록 영상이지만 그렇게 몇 시간을 함께 보낸 뒤에 각각 잠자리에 든다. 그럭저럭 한 달여쯤 되고 보니 어느 정도 안정이 되어 가는 듯하다. 아빠의 부재에 익숙해져 가고 남편의 빈자리들이 그리 허전하게만 느껴지지는 않는 듯하다. 아들들 또한 조금은 안정된 마음으로 각자 제 할 일들에 충실하고 있다.

아들네 가족이 화상통화를 하는 시간에 나는 멀찌감치 떨어져 앉아 2차원의 세계 속을 바라본다. 바로 내가 앉아 있는 대전 집 거실과 저 먼 곳 울진의 사택 거실 속과의 합동 사진 같은 생활이 전혀 거리감이 없다. 아니, 어쩌면 화면 속의 사람보다도 내가 더 먼 거리에 앉아 있는 기분이다.

부모의 자식 사랑을 어느 것과 비교할 수 있을까. 내가 자식들을 그렇게 키워 왔고 자식들 또한 그들의 자식을 끔찍이 사랑하고 있다. 내 자식을 사랑하는 만큼 그들이 누리고 있는 행복이 더없이 좋아야 하는 것을, 그렇게 당연한 것들을 바라보면서 왜 자꾸 잣대를 들이대고 있는지 모를 일이다.

자식이 내게 보내는 눈짓이 어느 만큼인지 곁눈질을 하고 있다. 제 자식에게 보내는 마음의 몇%나 되는지 알고 싶어지고 묻고 싶어진다. 그러다가도 자식만 생각한다고 투정부리시는 친정어머니의 마음을 돌이켜 본다. 나는 부모님을 만족하게 해드리지 못하면서 자식에게 바라는 마음은 헤아릴 길이 없구나 싶다.

언제부터인가 자식에게서 채워지지 않는 부분의 허전함 때문에 친정어머니에게로 눈을 돌리고 있는 나 자신을 발견하고 있다. 내가 지금 느끼고 있는 이 마음을 내 어머니는 언제부터 느끼셨을까. 때로는 강압적으로 때로는 어린애 같은 앙탈로 내게 손을 내밀었던 일들이 새삼스럽게 다가온다.

이제 자식들은 마음껏 제 자식들을 사랑하도록 길을 비켜줘야겠다. 아낌없이 쏟아주면서 세월이 지나다 보면 지금 나 같은 마음으로 제 자식들을 바라보는 시기가 오리라. 그땐 살며시 내 뒷모습에 눈길을 주지 않을까. 내 등에 따뜻한 온기가 느껴지는 날이면 마음이 한껏 포근하게 젖어들 것이다. 그러니 나는 지금 내 어머니의 굽은 뒷모습을 더 따뜻한 눈으로 지켜봐 드려야 하리라.

당신 스스로 해결할 수 있는 일도 굳이 내게 손을 내미는 어머니의 마음을 그리 귀찮게 생각하지 않으려는 까닭은 어쩌면 내게로 다시 돌아올 자식들의 관심을 기대하는 마음일 터이다. 그러고 보면 결국은 나 자신을 위한 것 아닐까. 내 안에 존재하는 어떤 갈망이 밖으로 드러날 때는 누군가를 대신해서 표현되는 것인지도 모른다.

그러고 보니 요즘 들어 그동안 내 안에 자리한 사랑들의 잣대를 재어 보곤 한다. 내 주위의 사람들, 그리고 나 자신을 향한 잣대의 길이가 얼마만큼인지를 확인해 보고 싶어진다. 그러면서 그 길이를 자꾸 이리저리 떼었다 붙였다 한다. 감정에 따라 늘어났다 줄어들기를 반복하면서 느끼는 건 어떤 것이든 그것은 바로 나 자신을 향한 잣대의 길이와 비례한다는 것이다. 내가 주는 사랑의 길이만큼 나 자신의 행복도 길어지고 줄어드는 것이리니 나를 향한 사랑의 잣대를 키우는 것은 바로 내가 누군가에게 주어야 한다는 사실이다.

갈대숲에서

넓은 갈대숲에 이색적인 풍경이 어우러졌다. 초록빛 새순 위에 묵은 갈색 머리가 휘날리고 있다. 식물 대부분이 지난해의 묵은 것들은 스러지거나 꺾어져 없어지면서 새순이 솟아올라 가는데 갈대만큼은 좀 다르다. 대부분 옛 모습 그대로 남아 있는 상태로 밑에서 새순이 올라오고 있다.

초록과 갈색의 대비도 선명해서 좋거니와 모양새 또한 가지런한 모습이 정갈하다. 갈색 머리는 지난해 풍성했던 갈기만큼은 아닐지라도 아직 바람에 흔들리는 모습이 보기 좋다. 가만히 바라보고 있노라니 마치 성장한 자식이 부모를 업고 있는 모습이다. 부모와 자식 간의 다정한 모습 같아 보고 있는 내내 훈훈한 감정이 온몸을 감싼다.

넓은 갈대숲은 마치 성인들의 가르침을 일깨워 주는 듯하다. ≪소학≫의 내용을 듣다 보면 부모에 대한 예의와 공경심이 정말 깍듯함을 느낀다. 부모님의 몸짓, 손짓, 눈빛까지 어느 것 하나 소홀히 대하지 말라는 가르침은 가히 생각해보지도 못한 것들이 많다. 그런 옛 어른들의 말씀을 지금 우리는 그저 먼 얘기나 된 듯 듣고 산다.

시어머님은 한집에서, 친정어머니는 가까운 거리에서 사신다. 그러다 보니 양쪽 어머님들 사이에 오가는 내 감정의 변화가 미묘하다. 시어머님은 언제나 말조심, 행동조심을 해야 한다. 그러나 친정어머니한테만큼은 그렇게 되지 않는다. 서운할 때는 툴툴거리기도 하고 원망도 하게 된다. 돌아서면 괜스레 공연한 짓을 했다 하면서도 행동은 마음 같지 않다. 그래도 대하는 마음은 왠지 친정어머니가 편한 것은 무시할 수 없는 사실이다.

나에게는 아들만 둘이 있다. 그래서 딸과 친구처럼 지낸다는 살가움을 맛보지 못한다. 시어머님 역시 아들만 셋이니 나와 비슷한 처지시다. 그렇기에 딸 없는 시어머님을 대하면서는 먼 미래의 내 모습을 바라보는 마음으로 대하려고 노력한다. 왜냐면 나 스스로 시어머님과 친정어머니 사이에서의 감정이 다르기 때문이다.

훗날에 내가 서 있을 자리에 대한 생각이 깊다. 나에게도 친정어머니처럼 들랑날랑하며 마음을 나눌 딸이 있다면 혼자여도 좋을 듯싶고 시어머님처럼 아들 며느리와 함께 살아 보고도 싶다. 그렇게 시소처럼 오르락내리락하면서 나 자신을 뒤돌아보게 된다.

딸 노릇 며느리 노릇을 제대로 하는 것인지, 어머님들이 뭘 원하며 뭘 필요로 하는지를 정확히 알고 대처했는지, 괜스레 착한 며느리인 척 너스레를 떨거나 좋은 딸인 척 내세우지는 않았는지 하는 생각이 든다.

때론 무엇 때문에 이렇게 힘들게 사는지 모르겠다는 생각도 든다. 멀쩡한 아들이 있는 친정어머니를 모시는 일이며 시어머님 또한 큰아들, 큰며느리가 있는데 굳이 내가 모시는 일들이 미련스럽게 생각될 때가 있다.

한때는 아름다운 머리로 사람들의 눈길을 끌며 살아가더니 이제 쇠락한 모습으로 거친 바람을 맞고 있다. 그래도 단정하고 정갈한 모습이 보기 좋다. 바람 불어 허리가 휘어지려는 것을 밑에서 올라온 무성한 새싹들이 받쳐 지탱해 주기 때문인 것 같다. 물론 처음엔 묵은 것이 새싹의 바람막이가 되어 주었을 것이다. 그러다 점점 새싹이 자라면서 묵은 것의 밑동을 감싸주고 허리를 지탱해 주고 가슴을 안아 준다. 차차 무성하고 듬직한 장정이 되어 묵은 것을 등에 업고 있는 모습으로 변해 간다.

눈여겨볼수록 아름답다. 그저 지나치고 말 것들이 그리 아름답게 보이는 이유는 무엇일까. 아무래도 어머님들을 모시고 있으면서 힘들었던 일들에 대한 보상 심리일 것이다. 저렇듯 보기 좋은 모습으로 잘 견뎌내고 있다고 생각하고 싶은 것이다. 어쩌면 내 삶에 저런 그림이 새겨질 수도 있겠구나 하는 마음인 것이다.

아니면 이제 내가 자식들에게 기대고 싶어지는 것일까. 훗날엔 아들 며느리 손자와 함께 어울려 살고 싶은 마음인지도 모른다. 그래서인지 함께 모여 사는 가족들이 나오는 드라마를 좋아한다. 특히 어른다운 어른이 있는 집안 분위기를 좋아한다. 누구도 감히 범접하지 못할 위엄과 온화함을 지닌 어른, 그런 어른이 되어 존경을 받아보고 싶은 것이리라.

철 지난 갈대이지만 반듯하고 단정하기에 새싹과의 어울림에서도 보기 좋은 것 아니던가. 꺾이고 바스러져 추해 보인다면 어찌 누구의 눈에 뜨일 수 있을까. 거친 비바람 막아내며 마지막 순간까지 잘 지켜 나왔기에 마지막까지 보기 좋은 모습으로 남아 있는 것이리라. 그렇게 되기까지 갖추고 지탱해야 할 것들이 얼마나 많았으랴.

어른다운 어른이 되기에는 결코 쉬운 일이 아닐 것이다. 후손들에게 대접을 받으려거든 웃어른들께 잘하라 했던가. 그러고 보면 나에겐 자식들에게 본보기가 되는 길을 만들어 주는 어머님들이 계신다. 그 길을 어떻게 걸어가느냐에 따라 내 삶의 가치가 평가될 것이다. 훗날 내가 제일 웃어른이 되어 있을 땐 어떤 모습일까.

초록과 갈색이 어우러진 갈대숲을 바라보면서 마음 한편이 숙연해진다.

쑥범벅 같은

2월의 끝자락, 바람은 차가워도 그 속에 부드러움이 섞여 있다 싶더니 덤불 속에서 쑥이 삐죽이 올라온다. 조금 있으면 향긋한 쑥 향기를 듬뿍 맡아 볼 수 있을 것 같다.

쑥으로 만든 음식 중에 쑥범벅을 제일 좋아한다. 쑥을 깨끗이 씻어 물기를 뺀 다음 쌀가루와 설탕을 묻혀 살짝 쪄내면 쌉쌀하면서도 달콤한 맛이 아주 일품이다. 아무리 먹어도 질리지 않아 얼마든지 먹을 수 있는 음식이다.

쑥 범벅을 이야기하자니 시어머님이 생각난다. 젊었을 때부터 일만 하고 사셨기 때문인지 우리 집에 온 뒤에도 항상 일하고 싶어 하셨다. 특히 봄이면 날마다 쑥을 캐 오셔서 다 처리 할 수가 없을 정도였다. 그러다 쑥범벅을 해 먹기 시작했고 그 맛에 길든 나는 그 많은 쑥을 거침없이 먹곤 했다.

쑥범벅을 원 없이 먹었던 풍족한 봄이 작년부터는 그저 입만 가시는 정도에 그치고 마는 가난한 봄이 되었다. 7년여를 우리와 함께 사셨던 어머님은 이제 큰집으로 가셨기 때문이다. 가끔 찾아 뵐 때마다 점점 연로해지시는 모습을 보자니 세월의 흐름을 어쩔 수 없나 보다. 어쩌면 다시는 쑥범벅을 그렇게 푸짐하게 먹기는 어려울 듯하다.

어머님은 정교하고 맛깔스러운 음식을 만들기보다는 그저 뭉뚝한 손으로 대충대충 거칠게 만드셨다. 그런데도 그 맛은 고급스러운 음식보다도 더 맛이 있었다. 건성건성 담그는 동치미며 쓱쓱 문질러 담그는 김치도 그렇다. 꼭 당신의 손 모양처럼 투박한 음식이다.

당신의 손 모양만큼이나 거칠게 사셨던 어머님, 젊은 나이에 혼자되시어 아들만 셋을 키우느라 겪었던 이야기들이 내 귀에 깊은 우물 하나를 만들어 놓았다. 아득히 깊은 우물에서 힘들게 두레박을 끌어올려 시원하게 물 한 모금 마시던 것처럼 한 번씩 힘들게 터놓고는 시원해하셨다. 그러다 돌아서면 다시 목이 마른 것처럼 어머님의 회상도 다시 살아났던 것일까. 했던 이야기를 또 하고 또 하면서 지난 세월을 삭히곤 하셨다.

그럴 때마다 나는 처음 듣는 것처럼 맞장구를 치곤 했다. 나의 일처럼 분해 하기도 하고 서러운 표정을 짓기도 하면서 같이 웃고 같이 우는 마음을 키웠다. 그러다 보니 이제 어머님의 속내가 바로 내 속내가 된 것처럼 내 귀에 깊은 우물이 파인 것이다. 두레박이 텀벙 내려가면 물이 출렁하게 채워져 올라오는 것처럼 이야기를 하고 맞장구를 쳤다. 그렇게 매번 같은 이야기였던 것이 이번 색다른 이야기에는 내 귀가 잠시 갸웃했다. 어머님하고는 전혀 어울리지 않는 이야기라서 내 답변도 조금 어설프고 생뚱맞았다.

"나 죽으면 느그 시아버지가 여태 나 기다리고 있을꺼나? 젊어서 죽었으니께 아마 새 각시 얻었을지도 모르겠다. 만약 그랬다면 내가 가만 안 있을 거여. 그 여자 머리 다 쥐어뜯어 놓고 내 자리니께 내놓으라고 할 껴. 내가 팔자 고치고 싶었어도 자식들 뒷바라지 허느라고 여태껏 혼자 살았는디 저세상에 가서도 혼자 살면 너무 억울헐팅게 죽기 살기로 내 자리 차지할 껴."

"젊었을 때 나이면 아들 같을 텐데요. 괜찮으시겠어요?"

"아들 같으면 어뗘, 원래도 내가 더 먹었었는디 그게 무슨 상관이여. 정만 있으면 되지. 얼마 살지는 않았지만 우리 금실은 좋았으니께 문제 없을껴. 그 양반도 나를 보면 아주 반가워할 것이구먼."

투박한 음식만큼이나 퉁명스럽게 말씀하시면서도 표정만큼은 꽤 진지하시다. 그런데도 왜 나는 자꾸 웃음이 나오는 것일까. 소박하고 순박한 어머님에게는 당치 않은 일이라고만 생각되어 실없이 웃음만 나왔다. 그런 나를 바라보시던 어머님 표정이 점점 심각해져 갔다. 당신의 말씀을 가볍게 생각하는 것이 못마땅하신가 보다. 민망한 마음에 몸가짐을 다소곳이 하고 웃음보를 꾹꾹 눌러가며 참았다.

나를 배웅하고 돌아서는 어머님의 뒷모습이 여느 때 같지 않게 꼿꼿해 보였다. 돌아가실 날이 가까워짐을 실감하며 지내는 마음이 슬픔이 아니라 정인을 만나리라는 설렘이구나 생각하니 어쩜 나보다 더 풋풋한 삶을 살고 계시는 것처럼 느껴졌다. 내가 여태껏 느껴보지 못했던 새로운 감정에 왠지 어머님이 조금은 낯설어 보이기도 했다. 아니 투박하고 거칠다고만 생각했던 어머니 모습에서 찬 바람에 섞인 봄기운 같은 부드러움을 느낀 것이다. 농담 같은 얘기를 진담처럼 쏟아내는 진지함이 엉뚱한 것 같아 좀 씁쓸하면서도 달콤한 애잔함이 배어났다. 그것은 꼭 봄날에 먹는 쑥범벅 맛 같았다.

03

매화를 찾아서 | 섬진강의 봄 | 잊혀가는 풍경 | 가을을 맞으며

안개에 묻힌 산 | 늦가을, 잔비가 내리는 날

눈 내리는 겨울밤은 생기가 있다 | 설산 가는 길

촐라체, 그 빙벽을 동경한다

매화를 찾아서

매화는 섬진강이 있어 더 희게 빛났다. 환한 매화 사이로 보이는 강물과 굽이쳐 흐르는 물의 곡선 따라 펼쳐진 모래밭은 어떤 오물도 허용치 않을 것 같아 매화의 깨끗함을 더욱 돋보이게 했다. 매화의 청순함과 강물의 정겨움, 그리고 모래의 정결함은 어떤 붓으로도 그려내기 어려운 멋진 어울림이었다.

섬진마을의 매화를 처음 찾아 나서던 때는 참 멀고도 먼 길이었다. 하루에 버스를 왕복 여덟 번을 갈아타고 다녀온 길이었다. 거리가 멀어서가 아니라 버스 길이 번거로워서 긴 여행이었던 날, 매화밭에 들어서는 순간 아찔하도록 짙은 향기에 현기증이 났다.

터벅터벅 산등성이를 올라가는 동안 얼마나 황홀했던가. 어렵게 찾아간 길이었기에 더욱 깊은 맛이었다. 이제 쉽게 갈 수 있는 지금은 그때만큼의 감동이 아님이 애석하지만 그래도 해마다 그 꽃길을 외면할 수가 없다. 내게 있어 봄은 그곳을 다녀온 후에야 찾아오는 것 같으니 어찌 이 봄나들이를 빠뜨릴 수가 있으랴.

해가 갈수록 많아지는 사람들과 부딪치는 것을 피해 산등성 하나를 넘었다. 사람의 눈길을 피해 숨은 듯이 핀 꽃들은 윤기가 더욱 자르르했고 초록 풀잎의 배경이 꽃잎 색을 더욱 선명하게 살려냈다. 환한 햇살을 품은 백옥 같은 백매화의 청순함과 창호지에 스며드는 달빛 같은 청매화의 우아함이 옷깃을 여미게 했다. 그 속에선 어떤 경우에도 흐트러진 모습을 보일 수 없을 것 같다. 먼 길 찾아온 반가움마저 밀쳐내는 듯한 그 자태에 왠지 모를 아릿함이 밀려왔다. 그래도 간간이 분홍빛 매화가 섞여 있어 조금 위안이 되었을까.

긴 섬진강 따라 산자락에 끝없이 이어진 꽃길. 모든 동네가 온통 하얀 구름에 덮인 듯하다. 어떤 골목을 들어서든 그곳에서 빠져나오는 길을 찾기 어려울 만큼 골짜기 깊숙이까지 빽빽이 들어차 있는 매화꽃의 향기는 어디로 다 흡수되는지 알 수가 없다. 암향暗香이라 했던가. 고요한 정적 속에서 기도하는 마음이 되어야만 제대로 느낄 수 있다는 이 향은 바로 매화의 향을 두고 하는 말이다. 어느 때에 보느냐에 따라 그 이름이 달라지는 매화의 진가는 바로 이 향에 있다. 달빛 아래에서 보는 '월매', 눈 속에서 보는 '설매', 안개 속에서 보는 '연매'. 어느 것인들 자신의 향을 내품는데 부족함이 있으랴만 나는 왠지 은은한 달빛 아래에서 맡는 '월매' 향에 더 마음을 빼앗긴다. 달빛에 어려 있는 매화, '암향농월暗香籠月'이야말로 매화향의 극치가 아니겠는가.

어쩌다 바람 불어 꽃잎이 날리는 날은 학의 몸짓을 닮아가며 승천하는 기분이다. 그곳에서 영화 〈천년학〉의 한 장면을 그려낸 꽃비는 얼마나 아름답고 은은한 운치던가. 여인의 절개나 선비의 고고함을 상징하는 것으로만 인식되었던 매화가 그렇듯 소리와도 잘 어울린다는 사실을 처음 알았다. 가슴 밑바닥에서 품어 나오는 한마디 한마디가 나풀나풀 날아다니는 꽃잎과 어우러져 허공을 맴돌았다. 그러다 떨어져 내린 꽃잎이 물가에 멈출 땐 그 숙연함에 가슴이 뭉클했다. 영화를 보던 날 이미 지나가 버린 계절을 좇아 꽃비 내리는 흔적을 찾아 나섰던 일이 있다.

이제 등걸만 남아 껍질이 온통 부스럼같이 되어버린 늙은 그루에서는 몇 안 되는 꽃송이가 힘겹게 눈을 떴다. 그 고풍스러운 모습에 유난히 눈길이 간다. 굽어진 가지 사이로 스치고 지나간 바람이 얼마였을까. 터진 등살 틈새엔 숨은 눈물이 어려 있다. 어쩌면 그런 상처가 있었기에 옹이가 되고 무늬가 되어 깊은 운치와 멋을 간직하게 되었으리라.

사람에게도 저 매화 등걸에 박힌 옹이 같은 것이 있다. 운명이라고 이름 짓기는 너무 무겁고 그저 스쳐지나가는 한줄기 바람이라고 하기엔 애석한 일들. 그런 것들로 인해 몸과 마음이 휘청거리며 살아야 하는 때가 있다. 다행히 그런 아픔들을 승화시켜 다른 것을 얻게 된 계기가 되었다면 그것도 보석이 될 수 있지 않을까. 보석이 있어 간간이 꺼내 보고 싶다면 결코 실패한 삶은 아닐 것이다.

흐드러진 매화 꽃잎 속에서 몽클몽클한 햇살이 화사하게 웃는다. 와르르 쏟아져 나온 춘정에 젖어 내 몸과 마음이 평정을 잃었는가. 걷는 듯 마는 듯, 몸은 더디건만 마음은 한 장의 꽃잎이 되어 나풀거린다. 가슴속이 진한 향기에 취해 빙그르르 맴을 돈다. 돌고 도는 길에서 이따금 눈에 들어오는 섬진강의 쪽빛 물결이 가슴 저미도록 애잔하다.

한 옴큼씩 먹어야 하는 약에 진저리를 쳐야 했고 얼마일지도 모르는 날들을 사람들과 격리되어 지낸다는 것이 죽기보다 싫은 일이어서 마음은 온통 뒤틀려있었다. 사람을 보는 것도 누구에게 보여지는 것도 싫어서 늘 혼자였다. 틈만 나면 길 건너 저수지에서 너울대는 물빛을 향해 달려갔다. 주위의 한적함이 위안이 되기도 했지만 때론 적막감에 숨 막힐 것 같은 날도 있었다. 그럴 땐 수면에 돌을 던져 파문을 일으키는 장난을 치곤 했는데 첨벙거리는 소리의 여운과 물 위의 파문이 잠시 잠자는 의식을 깨웠다. 그런 날엔 친구들의 밝은 얼굴이 넘실대는 교실이 그리워서 끝내 울음을 터트리고 말았다. 등 뒤에 쌓이는 햇살 무게만큼의 눈물을 쏟아내고 풀잎에 스치는 바람 소리 같은 한숨으로 마무리를 하고 나면 가슴은 참으로 아리고 헛헛했다. 그 봄, 산자락에 자리한 매화꽃은 왜 그리 화사하던지. 하얀 꽃잎 사이로 보이는 물빛은 내 아픈 가슴만큼이나 파랬다. 그 뒤에 오는 고적한 마음은 점 하나 찍히지 않은 하얀 백지였다. 그 어떤 것하고도 바꾸고 싶지 않을 만큼 차분하고 편안한 마음이 되어 집으로 돌아왔다.

매화꽃 사이로 보이는 강물에서 내 소녀 시절의 아린 향수를 느낀다. 누구에게도 보이고 싶지 않았던, 세상 물이 들기도 전에 맛보았던 쓰린 고독과 그 뒤의 평온한 고적감. 때론 그런 순수한 감정이 되고 싶을 때가 있다. 이제 적당히 포장된 웃음을 웃을 줄도 알고 특별히 부족함이 없는 마음이건만 그 고적한 날들의 마음이 그리워지는 까닭은 무엇일까. 봄이 되면 나는 그런 마음을 찾아 섬진강의 매화를 찾는다.

섬진강의 봄

나의 봄은 섬진강에서 시작된다. 해마다 꼭 섬진강 자락에 맴도는 봄기운을 받아야만 비로소 봄이 내게로 들어온다. 다른 곳에서 그 어떤 것을 보아도 봄을 느끼지 못하고 섬진강의 봄 향기를 맡아보고 나서야 봄이라고 인정을 하게 되니 참 묘한 일이다.

늘 같은 길에서도 설레고 또 다른 길에서도 진한 정을 느낀다. 이번엔 굽이도는 물줄기 구간이 아름답다는 구담마을을 찾았다. 길게 이어지는 산책길로 들어서니 상큼한 강바람이 설레발치며 달려든다. 조잘거리며 흐르는 강물 위로 쏟아지는 햇살이 눈부셔 잠시 눈을 감으니 매화 향이 코끝에 스며든다. 마을로 들어가는 곳곳에 자리한 매화는 사람의 발길을 붙들고 사람들은 꽃가지를 붙들고 봄 향기에 취한다.

구담마을의 매화는 넉넉한 품이 있어 좋다. 듬성듬성 엉성하게 늘어서 있는 매화 그루가 여유롭고 빈집 기와지붕 위로 쓰러지듯 구부러져 있는 가지는 마을의 운치를 더욱 짙게 한다. 표피가 부슬부슬 떨어져 나간 고목에서 핀 몇 송이 꽃은 어느 화가의 붓끝으로도 피어나고 옛 성인의 덕담으로도 피어난다.

전망대가 있는 언덕엔 당산나무가 우람하다. 울퉁불퉁한 뿌리들이 긴 세월을 살아온 삶의 흔적을 숨김없이 드러내 보인다. 몇 년의 세월이 그 속에 숨어 있었을까. 깊은 뿌리가 상징하는 굴곡진 인생살이가 영화 한 편으로 거듭났다. 영화 〈아름다운 시절〉 촬영지라는 표지판이 그곳 풍경을 더욱 정감 있게 그려준다.

영화는 제목처럼 아름답게 그려지지는 않았었다. 삶의 무게를 이기지 못하고 치마끈을 풀어야 했던 여인, 뚫린 구멍 사이로 한줄기 햇살이 스며드는 방앗간에서 허탈감에 빠져든다. 그녀의 허리가 얼마나 시렸을까. 이제 흘러간 영화이건만 그녀의 시린 허리는 아직도 내게 아린 기억으로 남아 있다.

아름드리 당산나무들 사이로 내려다보이는 섬진강 물굽이가 영화 속 아낙네의 허리춤 같은 아릿함을 품었다. 잘게 부서져 내리는 햇살이 그대로 물여울에 섞여 보석처럼 반짝거리는 정경이 평화로우면서도 애잔하다. 끊임없이 이어져 왔을 물줄기, 비록 가는 물줄기 구간이지만 얼마나 많은 물을 품었다가 보냈을까. 긴 세월을 보낸 사람들만이 그 양을 조금이나마 헤아릴 수 있으리라. 길고 긴 인생 여정에 수없이 겪었던 희로애락의 여운들이 잔잔하게 배어든 풍경이다.

마을 아래로 내려가는 작은 길 끝으로 징검다리가 이어져 있다. 강이 갈라놓은 건넛마을과의 소통 길이다. 징검다리는 한발 한발 발을 떼어 놓으며 물살의 속살거림과 정겨움을 즐길 수 있어 좋다. 때론 포말이 돌을 차고 올라오면서 바짓가랑이를 적신다. 어디 바짓가랑이뿐이던가. 더러는 옷소매를 더러는 마음 자락을 적시기도 한다. 비가 내려 물이 많아지는 날이면 건너지 못하고 그저 넘실대는 물살을 바라볼 수밖에 없는 일. 살면서 누군가와 소통하는 일이란 결코 쉬운 일이 아니리라.

구담마을에서 징검다리나 시멘트 다리를 건너 요강바위가 있는 곳에 가면 강을 가로지르는 현수교가 있다. 이 위에서 내려다보는 섬진강의 풍경도 아름답다. 구담마을에서 요강바위까지는 2km 정도, 마음 맞는 사람과 쉬엄쉬엄 이야기를 나누며 걷노라면 금방이다.

이곳의 바위는 다른 바위와는 뭔가 다르다. 아마도 돌의 특성이 좀 다른 돌이려니 싶다. 그저 딱딱한 바위가 아니라 말랑말랑한 밀가루 반죽을 가지고 다듬고 눌러 가면서 만들어 놓은 조형물 같다. 감히 흉내 낼 수 없는 기교 앞에서 자연의 아름다움에 새삼

경이로움을 느낀다.

그중 유명한 것이 요강바위다. 꼭 한 사람만 들어갈 만한 공간이 움푹 파여 있어 요강이라는 표현을 쓴 듯하다. 들어가면 어른들은 간신히 빠져나올 수 있지만 어린애들은 나올 수 없는 깊이다. 그저 물과 바람의 풍화작용이라고만 할 수 없는 정교한 모양이라서 상당히 유명한 돌이다.

이 요강바위에는 전설 아닌 전설이 깃들어 있다. 아이 못 낳는 여인이 들어갔다 나오면 아이를 가질 수 있다는 것, 믿기지 않는 이야기를 긍정하고 싶은 건 그 바위에 대한 예의일까. 어찌 보면 요강은 체내의 찌꺼기를 담아내는 정화조이다. 더러운 것을 담는 그릇이라기보다는 신체의 불순물을 걸러내어 담아내는 용기이다. 그것은 신체적이나 정신적인 결함을 정리해주고 풀어주는 역할을 의미하는 것일 수도 있다. 불필요한 것을 소멸시키고 새로운 것을 탄생시키는 용기, 그래서 옛날은 이사하게 되면 맨 먼저 요강을 들여 놓았다고 한다. 삶에서 가장 기본적이고 우선적인 것으로 여겨왔으니 인간의 탄생을 의미하는 것인지도 모르겠다. 아무튼, 바위 하나에도 갖가지 사연이 있다는 사실이 참 흥미롭다.

소풍 나온 꼬맹이들의 모습이 막 터지기 시작한 꽃송이처럼 오동통하다. 목소리에선 풋풋한 잡초들의 함성이 터져 나오고 이리저리 굴리는 눈망울 속엔 섬진강의 봄빛이 흥건하게 물들었다. 인솔하는 교사의 모습도 겨울에서 막 깨어난 앳된 섬진강 물빛이다.

'찔레순'이란 것을 말로만 들어본 선생님이었을까. 이제 막 피기 시작하는 찔레 잎을 따서 먹어 보란다. 받아서 씹다가 퉤퉤거리는 아이들의 표정과 맛있는 거라고 우기는 선생님의 엇갈린 표정에 웃음이 절로 난다. 길게 자란 찔레순의 말랑한 속살을 씹어 먹었던 순간들이 입안에 그리움으로 고인다.

양지쪽 웅덩이에 수없이 많은 것들이 움직인다. 올챙이, 언제 보아도 정겨운 모습들이다. 한참을 들여다보고 있자니 올챙이의 꼬리 끝에서 꼬물거리는 추억들이 그리움으로 꿈틀거린다. 올챙이 시절을 그리워하고 있다는 것은 살 만큼 산 나이가 된 것이리라. 나는 온전한 개구리가 된 것일까. 어느 한 부분 채워지지 않는 것을 미처 깨닫지도 못하고 사는 것은 아닌지 의심스럽다. 그러면서 마음속으로 그 많은 올챙이를 모두 다 온전한 개구리로 키워내고 있다. 섬진강 바닥을 온통 다 개구리로 채우고 나면 내 삶이 온전하게 느껴질까.

"애들아! 섬진강 올챙이들은 섬진강이 집이다. 그러니까 올챙이는 그대로 두고 우리는 우리들의 집으로 가자."

선생님의 채근에 마지못해 일어서는 아이들 목소리가 아쉬움으로 가득하다. 꼬맹이들이 조잘대는 소리와 함께 어우러진 봄나들이, 돌아와 어린 손녀의 유희와 함께 카메라에 담은 올챙이 동영상을 되풀이해 보면서 봄 풍경을 다시 즐긴다. 봄이 다시 돌고 또 돌면서 수없이 많은 개구리가 태어난다.

"올챙이 한 마리, 꼬물꼬물……. 앞다리가 쑤우욱, 뒷다리가 쑤우욱……."

잊혀가는 풍경

사방을 둘러보아도 봉긋 솟은 산 하나 보이지 않는 넓은 들판, 그 들판을 가로지르는 도로가 아스라하다. 줄지어 서 있는 전봇대가 멀리에서는 한 점으로 합쳐져 있는 것처럼 보이는 긴 길 양옆으로 흐드러지게 핀 코스모스의 행렬도 끝이 없다. 그 긴 행렬을 따라 달리다 보면 정말 속이 탁 트이는 전망대가 있다.

한쪽은 광활한 황금 들판이요 한쪽은 파도가 넘실대는 넓은 바다이다. 그 경계선에 서 있는 전망대에서 한 바퀴 돌아보면 온갖 시름을 다 떨쳐 버릴 수 있을 것 같은 후련함에 젖는다. 그렇게 탁 트인 마음으로 가만가만 내려오면 야트막한 언덕 기슭에 살짝 숨어 있는 절 지붕이 보인다. 살며시 굽어보고 싶어지는 유혹을 어찌 떨치랴.

가을이면 꼭 한번쯤 찾아가 보고 싶은 곳이 바로 이 김제 광활의 넓은 들과 숨어서 바다 바라보기를 원하는 절 망해사이다. 긴 역사를 가졌으면서도 그저 작은 터에 머물러 예스러움을 간직하고 있는 절인 만큼 그곳을 사랑하는 사람들의 발길도 역시 조용조용하다. 그런데 이제 그곳을 찾는 발걸음에 왠지 모를 아쉬움이 묻어난다.

그곳엔 특이한 우물이 있다. 다른 곳에서는 한 번도 보지 못한 우물이다. 사실 그것이 현재 사용하고 있는 우물인지 아니면 그저 허드렛물을 저장해 놓는 곳인지는 잘 모르겠지만 모양은 분명 우물 모양이다. 빙 둘러쌓은 벽 안에 나선형으로 계단을 만들어서 바닥까지 이어져 있다. 그것은 물이 얼마가 고여 있건 그 높이까지 내려가서 물을 길어 올 수 있게 되어 있는 구조였다. 언제 만들어진 우물인지는 모르겠지만 서서히 그 우물 역사 속으로 빠져들었다.

한 계단 한 계단 내려가는 층계마다 바닷바람이 흘리고 간 짭조름한 냄새가 배어 있었다. 이미 누군가의 발자국 흔적이 얼룩으로 남아 더는 우물의 가치가 없어 보였고 벽을 메운 돌 틈새로 더북한 풀들이 그 세월을 이야기하고 있었다. 흐름이 정지해 있는 듯한 물의 표면은 엷은 기름띠가 형성되어 있었다. 어쩌면 이미 막혀버린 바다의 형상을 한 것인지도 모른다.

때맞춰 드나들던 바닷물의 흐름이 이제는 정지해 버렸다. 머지않아 이 절은 예전의 바다를 잊어버리게 될 것이다. 그야말로 망해사望海寺에서 망해사忘海寺가 되어 가는 것 아닐까. 새만금이란 어마어마한 땅이 생기는 대신 바닷가에 자리했던 절의 정취는 정적에 묻히기 시작했다. 살아 있는 물이 있어 윤기 자르르하던 붉은 노을과 거센 바닷바람이 있어 더욱 단단함을 자랑하던 우람한 팽나무의 표피가 서서히 그 활력을 잃어가고 있는 것이다. 붉은 노을 속으로 퍼져가다 함께 바닷물에 잠겨 들어가는 범종 소리의 깊은 여운도 길을 잃었다. 끊긴 바닷길이 소리의 공명마저 삼켜버렸는가. 깊은 울림을 잃어버린 종소리가 굳은 갯벌처럼 버걱거린다.

그 우물에서는 왠지 절 안에서 느껴지는 그런저런 회한이 느껴졌다. 언제부터 생명을 잃어버린 우물일까. 저 밑바닥에서 솟아나와야 할 샘물은 어느 줄기로 새어 나간 것일까. 우물 속은 이제 둑 안에 갇혀 서서히 담수호가 되어가는 바닷물과 같다. 석화石花가 되어버린 갯벌 속 생명의 혼이 목말라 찾아오면 한 모금 내어줄 만한 물이 고여 있기는 해야 할 텐데 언젠가는 생명을 다할 것 같아 안타깝다.

낙서전樂西殿를 지었다는 진묵대사는 저 갯벌들의 생명이 이렇게 되어버릴 것을 미리 예견했던 것이리라. 그러기에 갯벌의 해산

물을 섭취하면서 석화石花라고 했다지 않은가. 아니, 더 이전의 부설거사는 팔죽시八竹時로 자신이 창설한 이 절의 앞날을 읊었는지도 모른다. "이런대로 저런대로 되어 가는 대로…… 그렇고 그런 세상 그런대로"라고.

이제 저 멀리 수평선을 가로막은 둑 위로 찬란한 빛이 퍼지리라. 가로등 불빛이 넘실대고 휘황찬란한 네온사인이 밤하늘을 덮칠 것이다. 더 넓은 세계로 펼쳐나갈 길이 열렸다는 환호성이 자랑스럽게 울려 퍼질 것이며 낯선 사람들의 발걸음이 밤낮을 모르고 들락거릴 것이다. 때론 볼썽사나운 일들이 우후죽순처럼 돋아나 어두운 그림자를 드리우기도 할 것이다.

먼 훗날엔 저 우물 속 어딘가로 숨어버린 물줄기처럼, 화려한 해상도시가 생겨나는 뒤편으로 쓸쓸히 사라져간 옛 풍광을 그리워할 것이다. 때론 손에 잡힐 듯한 환상으로 때론 마음에 새겨 놓은 그림으로 나타나 저 우물의 역사 속을 배회할 것이다.

가을을 맞으며

돌돌거리며 흐르는 물이 햇살을 품었다. 무슨 보석이나 품은 듯 유난히 반짝거린다. 물결에 적셔져 건너온 바람이 자갈 위에 쏟아지는 햇살을 식혀준 탓일까. 자갈들도 산뜻하게 빤짝거린다. 저렇게 반짝거리는 것은 아마 가을을 부르는 신호일 테고 그래서 가을은 맨 먼저 냇가 자갈밭으로 찾아오는가 보다. 그렇게 찾아온 가을을 맞으며 자갈길을 걸으면 발에 눌리어 잘그락거리는 소리는 바람결에 실려 어딘가에 작은 메아리를 전할 테고 그러면 울어 댈 준비 끝낸 풀벌레들이 '이때인가?' 하고 팔짝 튀어나와 인사를 하리라.

다복한 수크령 사이로 휘어진 길이 나붓이 누워있다. 길게 이어진 길에 귀 기울여 보니 멀리서 술렁거리는 소리가 들린다. 길 끝에 맞닿은 하늘이 맑은 구름을 피워내는 소리가 들리고 고추잠자리 떼가 춤추는 날개 소리도 들리는 듯하다. 수크령은 얼굴을 드러내기 시작할 때부터 저들을 마중했으리라. 수크령 속에 묻혀 마중 행렬에 끼인다. 막 피어난 수크령이 건듯 불어오는 바람에 살짝 균형을 잃으며 내 몸에 감긴다. 그 간지러움에 내 안에선 오랜만에 웃음이 일렁인다. 이제 한여름 땀에 절어 눅눅해진 마음이 서서히 고슬고슬해져 가리라.

도로변엔 코스모스가 한들거리기 시작할 것이고 벼 이삭도 서서히 알이 배이기 시작할 것이다. 어느 집 수수밭엔 통통하게 익어가는 수수 알이 갈색을 토해내느라 햇살을 등지고 있을 게고 실바람은 그 사이를 껑충거리며 장난치고 다닐 것이다. 무게 있게 출렁이는 움직임이 건너 건너로 옮겨지는 건 아마 그 때문일 것이다. 어느 산자락엔 밭뙈기마다 온통 메밀꽃 터지는 소리가 요란할 것이고 하얀 메밀꽃이 달밤을 채색하면 한껏 부푼 내 가슴에선 차르르 차르르 물레방아가 돌아가리라.

물레방아 돌아가는 내 가슴에선 달빛도 통통하게 여물어 갈 것이다. 달빛 속에는 그 옛날 어쩌지 못하고 삼켜버린 나의 침묵이 도사리고 있다. 달빛이 삼켜 버린 침묵을 달빛을 볼 때마다 훔쳐냈던가. 훔쳐낸 침묵을 끌어안을 때마다 말라가던 가슴살……. 언젠가는, 달빛이 내게로 환한 빛을 보내올 것이다. 삼킨 침묵을 돌려

주겠노라며 빗장을 활짝 벗겨 낼 것이다. 그렇게 돌려받은 침묵을 끌어안고 달빛 속을 거닐 때면 내 마른 가슴살은 다시 차오르리라.

차오른 가슴살은 곰삭은 세월 앞에서 초연해질 것이다. 맞잡은 손끝에선 땀내 밴 단내가 나고 풀기 삭은 눈가엔 잔잔한 미소가 스칠 것이다. 긴 세월의 간격이 전혀 느껴지지 않는 담담한 표정일 테고 거리감 없는 대화가 간간이 이어질 것이다. 굳이 설명하지 않아도 오가는 느낌으로 통할 것이며 다른 사람 얘기처럼 그저 싱거운 말투가 오고갈 것이다. 그래도 늘 지워지지 않는 막연한 그리움에 시린 가을앓이를 하리라.

안개에 묻힌 산

운전하기에 조심스러울 정도로 안개가 자욱했다. 그런 길을 2시간쯤 달려서 작은 마을 입구에 차를 두고 등산길로 접어들었다. 올려다보아도 어디쯤에 목적지인 산이 있는지 알 수 없었고 그저 눈앞에 있는 길에 발을 옮겨 놓은 것으로 길을 가고 있다는 생각이 들 뿐이었다. 이런 날 등산은 위험을 안고 있었지만 시간이 가면 서서히 걷히겠지 하는 희망으로 또 다른 분위기에 젖어들었다.

그야말로 좁은 시야였다. 몇 걸음 앞 정도만 눈에 들어올 뿐 무엇을 구경할까 싶었지만 그 때문에 눈앞에 보이는 부분을 더 자세히 들여다볼 기회가 되었다. 돌계단을 덮은 낙엽들의 다양한 모양에 나무들의 종류가 얼마나 많은지를 짐작게 했다. 한 번도 보지 못한 나뭇잎들이 생각보다 많았다.

축축한 습기로 미끈거리는 바윗돌들을 조심스럽게 건너면서 돌멩이에 붙어 있는 이끼들에게도 눈길이 간다. 축축해야만 살 수 있는, 그래서 항상 젖어 있기를 원하는 저 이끼들의 속내에는 어떤 응어리가 맺혀 있는 것만 같다. 한 번쯤 뱉어내고 싶은, 그러나 쉽게 토해 낼 수 없는 응어리들. 그 응어리가 불었다 말라 가는 과정을 반복하면서 이제 모자람과 넘침에 조금은 초연할 수 있는 여유가 있나 보다. 그러기에 가뭄과 장마가 길어지는 날들이 있어도 생명줄이 없는 돌멩이에서 저렇듯 제 모습을 보존하고 있는 것이 아닐까.

이 계절, 소나무 숲에 들어가 본 적이 있는가. 색색의 단풍이 화려해서 좋다면 솔잎은 묵직한 운치가 있어 좋다. 노란 솔잎이 차곡히 쌓여있는 곳을 걷노라면 옛 벗을 만나는 것만큼이나 깊은 여운이 있다. 웬만한 바람엔 날리지도 않거니와 겹겹이 쌓여도 결코 그 부피를 나타내지 않는다. 잊어버린 듯, 그러나 결코 떨쳐지지는 않는 옛 친구. 한 움큼의 솔잎을 주워들고 먼 훗날 내게 이런 친구가 되어줄 사람이 누구일까를 생각해 본다.

산을 오르면 항상 내 눈을 끄는 게 있다. 다래 넝쿨이다. 다른 나무를 타고 올라가는 선의 흐름이 좋다. 그 굵직한 다래 둥치의 멋진 선을 한 가닥 잘라 화병에 담아 보고 싶어진다. 그 바람을 그저 눈에만 담아야 하는 마음은 자꾸 발길을 늦추게 하였고 그럴 때마다 재촉을 듣곤 한다. 그러다 정상엔 어느 세월에 올라가느냐고.

걷힐 줄 알았던 안개는 높이 올라갈수록 더 짙어만 갔다. 중간중간 적혀있는 이정표로 정상이 가까움을 느낄 뿐 그야말로 백색암흑(?) 속을 둥둥 떠다니고 있는 기분이었다. 어렴풋한 산등성이 있어 저기인가 보다 하고 오르고 나면 그 뒤로 또 올라가는 길이 이어져 있다.

앞이 가물거리는 산을 오른다는 게 더 힘이 들어서 맥을 못 추는 난 커다란 막대기를 주워 지팡이 삼아 의지했다. 그것이 우스워 보였는지 만나는 등산객 몇 사람이 나보고 '도사' 같단다. '일일도사'라고 맞장구치는 내 말에 한바탕 웃음으로 좁은 길을 비켜주는 인사를 대신한다.

백두대간 산악회라는 글이 새겨진 등산복에 큼직한 배낭을 짊어진 젊은이 둘이 무게 있는 발걸음으로 다가왔다. '삼도봉'이 백두대간 구간이라더니 맞는구나 싶다. 그 사람들을 직접 만난 것만으로도 내가 그 대열에 끼인 듯한 기분이어서 괜히 흐뭇해졌다. 이래저래 힘을 얻어 멀게만 느껴졌던 정상에 발을 디뎠다. 그러나 보이는 건 뿌연 안개뿐이었다.

커다란 바윗돌에 올라가 서 있으니 발아래로 넓은 흰 천이 깔려 있는 듯하다. 발을 디뎌도 빠져들지 않을 것 같다. 높은 산에선 기온의 변화가 심하듯 구름의 흐름도 또한 변화가 심했다. 안개

방울 하나 움직이지 않고 뿌옇게 정지해 있는가 하면 바람처럼 획 지나가는 구름 줄기가 선연히 보이기도 한다. 흐름이 빠를 때 잠시 엷어지는 구름 사이로 얼핏 저 아래 풍경이 보였다가 사라지는 걸로 보아 아마도 저 아래는 이미 안개가 걷혀 있나 보다. 그렇담 우린 산봉우리구름에 갇혀 있는 셈이다.

어딘가에 갇혀서, 그 공간의 경계를 알 수 없는 저편의 세상을 그려본다는 것은 그저 허황하기만 한 것일까. 구름 속이 마냥 깊기만 해서 헤아릴 수가 없는 것만을 탓하기가 뭐해 발아래 키 작은 떡갈나무의 붉은빛만 오래오래 바라보았다. 시간이 한도 없이 길게 늘어지는 것만 같았다. 그러다 그 길어진 시간 속으로 빨려들어가는 적막을 느끼고 흠칫했다. 무엇이 이리도 날 처연하게 만드는가.

움직이지 않고 가만히 서 있기만 하니 옷 속으로 찬 기운이 스며든다. 더 썰렁해지기 전에 내려가자고 다시 발길을 재촉했다. 정상과 점점 멀어질수록 시야가 환해져 갔다. 한참을 내려오다 뒤돌아서 올려다보니 정말 산꼭대기에만 구름이 걸쳐있다. 구름을 타고 있다 내려온 기분이다.

마을 가까이 내려올수록 올라갈 때는 볼 수 없었던 가을 산의 풍경을 볼 수 있었다. 뙈기밭엔 김장 채소가 무성하게 자라고 있었고 그런 밭 건너건너에 자리한 감나무엔 동글동글한 감들이 주렁주렁 매달려 있었다. 실로 오랜만에 어미 곁을 껑충거리는 송아지도 보았고 송아지를 건드리며 장난치는 강아지의 짓궂은 몸놀림에 웃음을 흘리면서 잠시 발길이 멈추었다.

그 정겨운 모습을 좀 더 지켜보려는 마음에 잠시 쉬다가 논두렁을 걸어보았다. 비바람에 온통 다 쓰러져 있는 들녘의 벼들에 비하면 이 산골 논다랑이의 벼는 멀쩡한 채 고운 황금빛을 품어냈고 그 위로 저녁 햇살이 고즈넉이 내려앉아 있었다. 뾰족한 벼 잎 사이에 걸쳐있는 거미줄과 한줄기 햇살이 교차하여 반짝이는 빛을 살짝 피었다 져 가는 풀꽃들이 품에 안았다.

살며시 주저앉아 논두렁 풀 속을 가만히 들여다보노라니 걸어다니면서는 보이지 않던 벌레들이 무수히 많다. 큰 메뚜기에서부터 움직이는지조차 구분이 되지 않는 아주 작은 벌레들까지 그들의 움직임이 어찌나 조용하게 이루어지던지 내 숨소리가 너무 크게 울리는 것만 같다. 발꿈치를 들고 가만가만 빠져나왔다. 무심코 밟는 내 발걸음에 그들이 다치고 놀랄지도 모르니까.

늦가을, 잔비가 내리는 날

아! 비를 기다린 이유가 있었네요. 빗물에 젖은 은행잎을 보고 싶었던 게지요. 이런 늦가을, 이렇게 실비가 내리는 날은 칙칙한 도심 속 곳곳에 서 있는 은행나무가 유난히 선명하게 보이거든요. 움직이기 싫어서 뒤척거리기만 하는 마음을 여지없이 불러내고 말았습니다.

가로수가 아름드리 은행나무로 되어 있는 거리는 온통 노랑의 물결이었습니다. 참으로 이상도 하지요. 이런 땐 도로를 빽빽이 채우는 차량들과 바쁜 걸음으로 지나치는 사람들의 모습은 그저 눈 한쪽으로만 비켜 들어서니 말예요.

혼자 있어도 외로움을 느끼지 않을 때가 있는 것처럼 복잡한 혼란스러움 속에서도 아늑한 고요를 느끼는 수가 있던데요. 그저 발끝에 걸리는 은행잎들만 내 작은 동공을 채우고 있었습니다. 젖어도 처져 보이지 않아 고상하고 뒹굴어도 지저분하지 않아 깔끔해서 좋습니다. 허공에서 맴돌다 떨어지는 은행잎에 눈길과 발걸음이 멈추곤 나도 언젠가는 저리될 수도 있다는 생각도 해보고, 그때 내 모습도 저렇게 깔끔하고 고상해 보였으면 좋겠고, 그러다가 내가 지금 무슨 생각을 하고 있나 싶어 싱겁게 웃기도 했네요.

〈Autumn Leaves〉의 음률이 온몸에 짜릿하게 전해져 옵니다. 그 음악을 들으면 피아노 음반 위에서 낙엽이 굴러다니는 것 같지 않던가요? 특히 이런 날은 은행잎과 함께 떨어진 은행알들이 굴러가는 것처럼 들리기도 하고 바람에 사정없이 휘몰아쳐 가던 낙엽이 어느 한곳에 서서히 쌓여 가는 것 같기도 해서 딱 어울리는 음악이지요. 은행잎 속에서 피아노 음률을 찾아 뒤적거렸습니다. 참 많은 추억들이 높고 낮은 음으로 어우러져 울려 나오네요.

서 있는 것도 아니고 걷는 것도 아닌 내 걸음을 제치고 지나가는 사람들이 부딪히며 힐끗거리는 눈빛만 아니었으면 아마 난 우산을 접어 버리고 아직 나무에 붙어있는 은행잎들을 바라보느라 얼굴을 빗속에 내놓았을 겁니다.

동글동글하게 붙어있는 물방울이 참 아름답거든요. 보셨지요? 은행잎 줄기는 빗살처럼 곧게 뻗어 있는 것을. 그 줄기를 타고 내려온 빗물이 살짝 오그라든 가장자리에 모여 있다가 떨어질라, 떨어질라 조바심 내다가 그만 똑 떨어져 버리는 물방울을. 그 물방울을 받아보면 짜릿하도록 상쾌한 감촉이 피부 깊숙이 스며듭니다.

손바닥에서 세세히 퍼진 핏줄을 따라 온몸으로 퍼지는 그 감촉을 느껴 보았는지요. 세세한 혈관. 언젠가 손끝과 발끝에서부터 서서히 마비되어 오는 걸 경험해 보고서야 핏줄이 온몸에 세세하게 연결되어 있다는 걸 실감했습니다. 응급실 문을 열고 나오면서 휴게실에 놓여있던 TV의 화면이 은행잎으로 꽉 채워져 있는 걸 본건 우연이었을까요.

혈액순환을 돕는다는 은행잎 액, 그 후론 입으로가 아니라 마음으로 은행잎을 깨물어 보곤 했습니다. 마음이 막힐 때, 뚫어 버리고 싶음이 간절할 때, 지겹게도 따라다니는 우울함 때문에 못 견디게 힘들 때 말입니다. 밝게, 아주 맑고 밝게 보이는 샛노란 은행잎에서 떨어지는 그 물방울은 단순한 물방울이 아니라 틉틉한 체액을 맑게 씻어 내리는 청량제 일거라고 생각하면서 손바닥으로 스미어 오는 산뜻한 감촉을 즐겨봅니다. 막힘없이 퍼져 올라가는 핏줄의 흐름을, 막힌 마음이 시원스럽게 뚫리는 듯한 상쾌함을 느끼면서요.

눈 내리는 겨울밤은 생기가 있다

창문에 눈송이 부딪치는 소리가 가만가만 미끄러져 들어와 귓불을 건든다. 누군가 내 귓불을 잡아당기면 어쩔 수 없이 딸려 올라가듯 내 몸은 창가로 옮겨진다. 눈을 맞는 도심은 우윳빛을 뿜어내고 있다. 우유를 쏟으면 걸쭉한 농액 한줄기가 다시 튕겨 오르는 듯한 쫀득한 느낌이 어둠 속에서 빛을 발한다.

가게들이 하나둘씩 닫혀가며 깊어 가는 밤, 오직 비디오 가게 불빛만 훤하다. 내 눈과 그 불빛 사이의 공간은 한 장의 엽서가 되고 그 엽서 속으로 누군가가 번갈아 가며 나타나 멋진 삽화를 만든다. 학생들 몇몇이 출입문에 붙어 있는 팸플릿을 보며 이야기를 나눈다. 한 명이 들어가고 나머지는 눈을 뭉쳐 눈 장난을 한다. 그들 위로 내리는 눈은 또르르 굴러가는 웃음소리를 품었다. 차가 드문 거리에서 택시를 잡으려는 사람의 몸짓이 초조하다. 앞으로 나왔다가 뒤로 물러나기를 반복하는 모습을 반추하는 눈송이는 동동거리며 허공을 내닫는다. 잠을 잊은 한 사나이가 가게 문을 밀치고 들어간다. 그의 등 뒤로 겹치는 눈송이는 외로움에 젖는다.

눈송이들의 유희가 내 심연 깊숙한 곳에서 기억 하나를 끌어낸다. 켜켜이 쌓인 먼지를 털어 내며 꿈틀거리는 기억이 나풀나풀 춤을 춘다. 벽을 느낀 사람이 있었다. 내가 그에게서 벽을 느끼는 순간 그도 나에게서 벽을 느꼈으리라는 짐작이 섬광처럼 스쳤다. 수없이 많은 말을 한 것보다도 한순간 느끼는 감정이 더 정확할 때가 있다. 그것은 술렁거리는 감정도 아니었고 배척하고 싶은 거부감도 아니었다. 다만 자신들만이 가지고 있는 어떤 것을 동시에 상대에게서 느꼈을 뿐이었다. 그런 감정은 꼭 이런 밤 같은 느낌이었다.

걸쭉한 농액, 다른 것과 쉽게 융화되지도 못하고 풀어지지도 않아서 벽과 벽이 뚜렷한 경계선을 이루고 있었다. 그러나 기실은 그것을 느끼는 그 자체가 벌써 서로 상대방의 벽 안에 들어가 있는 것이었는지도 모른다. 다만 서로 뒤섞이지 않으려 애써 그 벽을 의식하려고 할 뿐이었을 것이다.

눈 내리는 밤의 가로등 밑에 서 있으면 가로등 불빛 머금은 눈송이를 볼 수 있을 것 같다. 불빛 찾아가는 나방이 되어 가만가만 발걸음을 옮긴다. 가로등에 기대에 눈 들어 보면 하늘 가득 회색 점들이 온통 내 얼굴을 향해 달려드는 것 같다. 그러나 거의 다 비껴 내리고 어쩌다 몇 송이가 얼굴에 닿지만 그 감촉이 피부를 뚫고 세포에 전달되기도 전에 스르르 녹아 실체가 사라지고 만다. 눈은 내가 느끼고 싶은 느낌이 어떤 것인지 모를 일이다. 그러니 제멋대로 내려와 닿는 것 아니던가. 그렇게 닿았다가 스러져간 눈송이들을 놓고 난 멋쩍은 웃음을 머금곤 했다. 이게 아니라고…….

그랬다. 차라리 벽을 느끼던 그 감정이 더 길게 남아 있었다. 부딪쳐 조금 가까워졌다 스러져 간 것보다 전혀 가까이할 수 없었던 그 벽에서 더 길고 쫀득한 감정을 느끼며 살았다. 차라리 부딪치지 않으니 스러질 것도 없었던 것이었을까. 어쩌면 그것이 내가 원하는 감정이었는지도 모른다. 벽을 느끼되 벽을 이야기하지 않았고 그 벽을 굳이 깨지 않으려 했던 마음. 그것이 더 긴 끈이 되어 감정이 살아 있었으리라.

하늘이 무너져 내리는 것만큼이나 많은 눈송이가 쏟아져 내린다. 내 몸에 눈의 무게가 더해지는데도 점점 가벼워져 간다. 어느덧 한 송이 눈꽃으로 환하여 하늘을 날고 있는 것이다. 이러다 어디쯤에 멋지게 내려앉을 수도 있을지, 그런 꿈을 꿀 수도 있다는 사실에 생기를 얻는다.

가로등 밑을 내려다 보니 눈송이의 그림자도 함께 쌓인다. 눈은 하늘에서만 내리는 것이 아니라 땅에서도 솟아오르고 있는 것이다. 내리는 것과 솟아오르는 것이 부딪치는 순간, 상응되던 것이 사라져 버리는 실체. 꿈과 현실은 늘 이런 것인지도 모른다. 그래도 눈 내리는 겨울밤은 꿈꿀 수 있는 생기가 있어 좋다.

설산 가는 길

설산 가는 길은 멀고도 멀었다. 하지만 일 년 열두 달 내내 눈에 덮여 있다는 만년설을 볼 수 있다는 기대가 여행길을 즐겁게 만들었다. 해발 5,800m인 중국 옥룡설산을 가까이 보기 위해 3,200m까지 올라가는 코스다. 처음엔 버스로 다음엔 케이블카로 그다음엔 전동차로 굽이굽이 올라가면서 사람들의 욕망이 참으로 대단하다는 생각이 든다.

설산 자락에선 '나시족'들이 터를 이루고 살아가고 있다. 어느 민족이든 그들만의 삶의 방식과 전통이 있기 마련이다. 설산을 배경으로 한 대형 노천 무대에서는 그들의 무희가 펼쳐지고 있었다. 설산에 얽힌 설화와 신화, 그것은 그들에게 가장 존귀하고 경건한 삶의 바탕일 것이다. 웅장한 설산이 무대가 되고 500여 명의 나시족들이 등장하는 공연은 여느 극장에서 보는 연극과는 감히 비교할 수 없는 장엄한 광경이었다.

누가 일부러 설명하지 않아도 그들의 몸짓과 표정에는 설산을 신처럼 숭배하며 살아가는 의식이 깃들어 있었다. 그래서일까. 옥룡설산은 아직 그 누구도 정복하지 못한 처녀봉이란다. 천 년이 넘는 먼 시절부터 사람들이 살아가야 할 삶의 길인 '차마고도' 한 자락을 허용했을 뿐 그 어떤 것에도 호락호락하지 않는다는 기상이 돋보였다.

산의 정상이 점점 가까워지면서 그 위용에 감탄이 더해 간다. 그동안 내가 오르내렸던 내 나라 크고 작은 산들이 아늑하고 따뜻함이 서려 있는 아담한 산이라면 그곳 설산은 틈새마다 장대한 기골이 넘치는 웅장한 산임을 실감했다. 사진이나 화면에서 그보다 더 좋은 풍경들을 보기도 했지만 이처럼 감흥이 느껴지는 건 단지 시각으로만 보았던 것에 바람과 공기 햇볕들이 어우러진 촉각이 곁들여졌기 때문일 것이다. 그래서일까, 장거리 여행의 피곤은 간데없고 흔쾌함이 전신을 감돈다.

어렴풋이 보이는 빙하가 엷은 옥빛을 띠고 산 아래로 이어져 있는 모습도 마음을 설레게 하였다. 말로만 듣던 빙하를 멀리서만이라도 직접 보는 순간, 이것이 바로 여행의 참맛이구나 싶다. 빙하가 녹아 흘러내리는 물은 계곡을 온통 옥빛으로 물들였다. 어떻게 저리 고운 빛이 나오는지, 감히 아름답다는 말을 함부로 꺼낼 수도 없는 경지다.

한 움큼 쥐어 씻어 볼까. 저런 물에 적시면 망가지고 구겨진 감정들로 가득 찬 내 마른 가슴이 촉촉해질 것 같고 덕지덕지 바른 분 밑으로 찌든 얼굴이 좀 맑아질 것 같다. 그 어느 것으로도 떨쳐지지 않는 앙금들이 말끔히 씻겨 나가고 잃어버린 내 소중한 것들이 다시 제자리를 찾게 되지 않을까 싶다.

산 정상을 향해 가는 길이 가까워질수록 호흡이 가빠지고 힘들어졌다. 더러는 산소통을 사용하는 사람도 있다. 어쩌면 인간의 접근을 더는 허락하지 않고 싶다는 자연의 제지 신호인지도 모른다. 그런데도 한 걸음이라도 더 가까이 다가가고 싶은 사람들의 극성은 그 높은 곳에 발자국을 찍고 흔적을 남기려 필사적인 몸부림을 한다.

눈은 사람들의 발자국 수에 비례해서 녹아내리는 것일까. 몇 년 전부터 급격히 녹는 속도가 빨라졌단다. 그래서 아쉽게도 설산의 눈을 밟아보지는 못했다. 눈은, 더는 접근할 수 없는 경계선 저 밖에 존재하는 실체에 불과했다. 눈 대신 사람들의 발자국 수를 대신하는 수많은 명패가 밧줄에 매달려 대롱거리고 있었다.

연인들의 사랑 약속, 가정의 안녕을 비는 기원, 무병장수를 비는 소원들이 바람이 불 때마다 저마다 각기 다른 소리로 속삭여댔다. 옷자락 스치는 듯이 가벼운 소리인가 하면 동네 골목대장들의 함성 같은 경쾌한 소리가 끊임없이 이어졌다. 작은 악기들의 합주곡이라는 표현이 딱 맞을 것 같다.

따뜻한 햇볕을 등지고 앉아 그 합주곡에 귀 기울이며 상념에 젖는다. 저런 기원들은 다 이루어졌을까. 저 수많은 염원 중에 내 생각과 일치하는 것이 몇 개나 될까. 그렇다면 나는 어떤 기원을 하고 싶은 것일까. 소원을 비는 문구를 쓰는 여행객들의 로맨틱하고 정열적인 모습이 좋아 보이면서도 나는 그저 멍하니 앉아 오락가락 생각만 굴린다.

갑자기 휘돌아 나가는 바람에 요란해진 명패 부딪히는 소리가 내 귓속으로 밀려 들어와 제발 그리 흐리멍덩하게 살지 말라고 속삭이는 것 같다. 때맞춰 위용이 서린 설산에서 반사되는 햇살이 내 눈 속으로 화살 한 촉을 쏟아댄다. 햇살은 화살 같은 빛으로 늘 재촉하며 쉬지 않고 운행하게 한다고 했던가. 명패소리와 햇살 화살로 자극을 받으니 정신이 번쩍 든다. 나태한 내 삶의 밧줄을 좀 팽팽하게 당겨봐야 하겠다.

돌아오는 길은 매우 산뜻하고 충만했다. 설산의 위용이든 명패들의 속삭임이든 내 삶에 활기를 얻었다면 여행의 의미는 이루어진 것이리라.

촐라체, 그 빙벽을 동경한다

책을 덮는 순간, 한줄기 눈물이 흘렀다. 속이 탁 트이는 후련함과 안타까움과 동질감이 한 가닥으로 엉킨 감정일까. 왠지 알 수 없는 감정이 온몸을 휩싸면서 가슴이 싸해졌다.

촐라체는 히말라야 산 봉우리 중에서도 제일 험난한 빙벽으로 이름났다. 그것도 어느 쪽으로 올라가느냐에 따라 그 난이도를 평가하는데 가장 어려운 코스가 북벽 등반이라고 한다. 감히 접근할 수 없는 곳이기에 등반자들의 관심이 더욱 깊었던 곳이었을 것이다.

사실 얼마 전까지만 해도 촐라체는 내게 그리 의미가 깊지 않았다. 그러다 우연히 산에 대한 다큐멘터리를 보면서 촐라체 등반 스케치를 보았다. 그런데 거의 수직상태의 얼음벽에 매달려 잠을 자는 그림을 보는 순간 가슴에 쿵 하는 울림이 메아리쳤다. 저렇게까지 하면서 등반을 하고 싶은 이유는 뭘까. 촐라체의 어떤 힘이 사람들을 불러들이는 것일까. 기어코 오르고야 말겠다는 사람들의 마음과 그것을 허락하지 않으려는 산의 위용에 대한 궁금증이 등반자들만큼이나 열렬하게 나를 촐라체로 이끌었다.

촐라체의 사진을 들여다보며 그들이 올라갔다는 코스를 따라 짚어보고 비박 장소인 듯한 곳에 점을 찍었다. 눈보라가 덮치는 사태를 그려보고 아이젠 끝에 와 닿은 얼음벽의 느낌을 상상하면서 나 또한 그들과 같은 힘겨운 등반을 하고 있었다. 그러기를 반복하다 소설 ≪촐라체≫를 구매했다. 비록 조금은 허구성이 있겠지만 설산 속에서의 생활을 더 실감이 나게 느껴보고 싶어서였다.

산악인 박정헌과 최강식의 등반 체험을 바탕으로 한 박범신의 소설 ≪촐라체≫는 아버지가 다른 형제의 감정을 다룬 이야기다. 미우면서도 멀리할 수 없는 애증을 안고 살아야만 하는 갈등과 한이 엉클어진 감정들을 높고 깊은 장벽과 허공에 날려 보내면서 서서히 서로에게 순화되어 가는 과정을 그렸다.

두 형제의 감정은 피가 터지게 싸우는 광경에서부터 시작된다. 그렇게 냉랭한 마음으로 시작되는 등반은 수없이 많은 난관에 부딪힌다. 앞서거니 뒤서거니 하면서도 감정의 대립이 풀리지 않다가 중요한 장비를 하나씩 잃게 되면서 거친 감정들이 조금씩 떨어져 나간다. 우여곡절 끝에 정상에 오르게 되지만 하산하는 과정에 동생이 얼음 구덩이에 빠지게 되고 두 사람은 삶과 죽음의 경계에서 갈등을 겪는다. 자신이 살기 위해선 줄을 끊어야 하는 형의 갈등과 살기 위해 줄을 붙들고 놓지 않는 동생의 사투가 눈물겹다. 먹구름에 휩싸이고 눈이 내리는 적막강산 속에서 두 사람의 행위를 그 누구도 알 수가 없다. 오로지 살아남는 자가 하는 말만이 진실이 될 뿐이다.

결국, 줄은 자연적으로 끊어지고 만다. 동생은 다행히 구덩이 가장자리에 처박혀 간신히 목숨을 부지한다. 형이 일부러 줄을 끊었다고 생각한 동생은 죽기 살기로 기어 올라가 형을 죽이겠다고 벼르고 형은 어떻게든 동생을 살리려 하면서도 일부러 줄을 끊지 않았다는 사실만으로 자신이 살아남는 것에 대한 이유에 정당함을 부여한다. 그러나 그것들은 오로지 살아야 한다는 염원으로 발버둥치는 몸부림에 불과했다. 살아야 한다는 갈망 앞에서는 그 어떤 것도 이유가 될 수 없었고 방해가 될 수 없었다. 살았다는 사실 앞에서 두 사람은 얼싸안고 통곡을 한다.

통곡하는 두 형제와 캠프지기의 아픔들이 가슴을 후빈다. 그들이 토해낸 마음의 어둠들. 한 평론가는 작가가 서두에 주인공들이 굳이 말을 하지 않아도 서로의 어둠을 느끼고 있다는 사실을 제시함으로써 소설의 핵심을 나타냈다고 말한다. 그것들이 바로 그들을 히말라야로 내모는 근원적인 충동이며 히말라야는 '그늘'을 간직한 자들의 마지막 성소라고 했다. 가파르고 힘겨운 빙벽과 대면하면서 절대고독 속에 빠져들어 자신을 잊어버릴 수 있다는, 죽음을 동반한 고행길에서만이 마음을 짓누르고 있는 온갖 것들을 버릴 수 있다는, 그럼으로써 내면의 상처를 씻어 내고 새롭게 발돋움할 수 있는 희망을 품을 수 있다는 것이리라. 이것이 바로 산을 향한, 아니 삶의 근본적인 문제를 해결하고자 하는 갈망일 것이다.

내 오빠가 그랬다. 히말라야로 향하는 갈망을 가족에 대한 책임이 억눌렀다. 그 갈망을 억누르기 위해 얼마나 많은 산을 찾아다녔던가. 그러나 전국의 산을 오르내리는 작은 만족으로는 목마름을 채우기에 역부족이었다. 산을 찾아다니다 결국 산속에서 잠든 오빠. 아무리 소리쳐도 누구 하나 대답 없는 깊은 골짜기에서 애타게 도움의 손길을 기다렸을 그 심정은 그야말로 뼈저린 고독이었을 것이다. 눈을 감는 순간까지 무슨 생각을 하고 무슨 결론을 내렸을까. 깊고 험한 설원의 계곡에서 피켈을 힘껏 내리꽂는 맛을 느끼고 싶은 갈망의 근원은 무엇이었을까. 그러나 난 굳이 그 이유를 알고 싶지는 않았다. 다만 오빠의 심연 깊숙한 곳에서 몸부림치는 그 무엇을 감지하고 있었을 뿐이다. 그 무엇이 내게도 있었던 것일까.

내 눈물샘을 자극한 것은 결코 주인공들이나 오빠 때문이 아니었다. 촐라체의 사진을 볼 때부터 마음 한구석에 쪼그리고 있었던 검은 그림자가 꿈틀대고 있었다. 나 자신 속에 아직도 해소하지 못한 갈망들이 용틀임하고 있었던가 보다. 나도 저 벽에 매달려 생사를 오가는 처절한 사투를 벌여보고 싶다는, 그리고 그토록 힘겨워하면서도 무리한 등산을 하고 다녔던 것들이 어쩌면 그 깊은 고독 속에 빠지고 싶어서였는지도 모르겠다는 사실이 목울대를 잠기게 했다.

이제는 가까운 산에도 접근하기 어려울 만큼 건강이 부실하다. 그래도 나는 촐라체의 그 빙벽을 동경한다.

04

지팡이 | 그녀의 강 | 초라한 천국

목마른 사랑 | 등으로 우는 남자 | 주상절리를 보며

진흙, 그 반전 | 살신성인

지팡이

병원 대기실 후미진 곳에 화분 하나가 놓여 있다. 텁텁한 공기를 참다못해 시들한 모습이 지친 환자 같다. 누구의 손길인지 받침대 하나로 휘어진 허리를 기대어 놓았다. 시들한 상태에서도 생장점이 달린 여린 잎 하나가 그 받침대를 의지해 턱 높은 창밖으로 온 힘을 주어 목을 빼고 있다. 부족한 햇볕을 조금이라도 더 받아 보려는 몸부림이다.

간신히 창턱에 목이 닿았다. 창밖으로 내민 잎만큼은 조금 생기가 있어 보인다. 이제 저 작은 잎이 받아들이는 햇볕으로 제 몸을 거뜬히 건사하리라.

"내가 지팡이만 짚었을 뿐이지 다른 선생님과 똑같아요."라고 말했다는 그녀의 목소리는 낭랑하고 활기찼다. 신체장애를 무릅쓰고 나이 40중반에 원하던 교사가 되어 담임을 맡게 된 한 지우가 자기 반 학생들에게 들려주었다는 그 말은 얼마나 당당한가. 그녀의 인간승리 앞에서 내가 더 가슴 콩닥거린다. 내가 이루지 못한 것에 대한 대리만족인지도 모른다.

나는 그녀의 전부를 알지 못한다. 비록 지팡이에 몸을 의지해서 걸어야만 하는 몸이지만 밝은 립스틱이 그녀의 모든 것을 밝게 느끼게 해 준다고 생각했을 뿐 문학 수업 한 학기를 마치는 내내 별 이야기를 나누지도 못했다. 그리고 그녀와 헤어졌고 얼마 후엔 수필집 한 권을 보내왔다. 그녀의 수필 속 어디에도 어두운 그림자는 없었다. 그녀는 꿈틀대는 그 울분들을 어디에 숨겨 놓은 걸까 싶었다. 그렇게 미지근하게 지내다 내 수필집을 받고 연락해 온 그녀의 말 속에 어떤 공통점을 느끼면서 다시 교감이 이루어졌다.

'지팡이만 짚었을 뿐'이라는 말 속에서 그 지팡이의 의미가 다가왔다. 지팡이였구나. 그녀가 그동안 받았던 고통과 격정을 고스란히 담아낸 것이. 사람의 감정이란 체내에 그대로 쌓아 놓을 수만은 없어서 한 번씩 쏟아 내야만 하는 것이다. 감정의 기복이 심할수록 더욱 큰 폭으로 표출되는 것이어서 그것을 감당하기가 더욱 어려우리라. 그런 격정을 어떻게 표출하느냐에 따라 삶의 길이 달라지는 것 아니던가. 유명한 예술인으로 거듭난 사람 중에 그런 감정을 승화시킨 이들이 그렇다.

바로 그런 감정을 승화시켜 주었을 지팡이. 그 지팡이에는 시린 한숨과 처절한 절규가 배어 있으리라. 발을 옮길 때마다 쌓였을 한들을 주인의 목소리를 대신하여 따각따각 소리를 내며 풀어 주었을 것이고 누군가 들어 주고 대꾸해 줄 사람 없어도 혼자 용틀임하다 스러지게 해 주었으리라. 그렇기에 때론 팽개쳐 버리고 싶었다가도 다시 끌어안을 수밖에 없는 애환이 또 다른 연민으로 자리하고 있지 않을까.

그녀에게는 특별한 지팡이가 하나 더 있다. 어느 스님이 정성스럽게 만들어 주었다는 그 지팡이는 닳고 닳아 반들거렸다. 아늑하고 조용한 어느 산사 큰 스님과 다담茶談을 나누고 나와 보니 댓돌위에 지팡이 하나가 놓여 있더라는 것. 불편한 한 불자를 위해 곱게 다듬어서 말없이 놓아 준 그 정성이 뽀얀 안개처럼 은근하게 스며들더라며 그녀는 그 지팡이를 보물처럼 아끼는 듯싶었다.

그 지팡이에는 염불 소리가 담겨 있는 듯했다. 열 마디 충고와 격려보다 더 깊이 있는 배려와 정성이지 싶다. 많은 이야기보다 침묵의 의미가 더 큰 부피로 서로의 마음을 기대게 하는 경우가 있다. 그 인연으로 그녀는 불교의 세계관에 물들기 시작했고 스스로 견디는 힘을 키울 수 있었으며 그 지팡이는 몸을 지탱하기보다는 정신을 지탱해 주는 것이 되었다.

꼬맹이들과 실랑이하느라 목이 쉬었다지만 목소리에는 활기가 넘친다. 장애의 몸으로 무난히 헤쳐나갈 수 있을까 하고 염려가 된다고 하지만 잘해 낼 수 있으리라 기대된다. 그동안 발돋움하기 위해 수없이 많은 고통과 갈망을 겪어 냈으니 어떤 어려움인들 감당하지 못할까. 누군가가 어떤 편견을 가지고 대한다 하더라도 그에 대한 반감은 지팡이에 실어내 버리며 밝은 마음으로 살찐 삶을 살아갈 것이다.

평범하게 살아 모든 것들이 그저 평범하게 받아들여지는 이들에게는 한줄기 햇살, 작은 미소가 그리 소중한 줄을 잘 모르고 산다. 절박한 상황이 되어 보지 않으면 얻고자 하는 것에 대한 진정한 갈망이 어떤 것인지 모르기 마련이다. 그 갈증이 어떤 것인지 피부로 느낄 수가 없다.

어찌 보면 그동안의 내 감정은 어설픈 갈증에 어설픈 갈망만을 표출하고 있었는지도 모른다. 주어진 조건이 탐탁지 못한 것에 대한 불만, 부글거리는 마음을 삭히지 못해 생기는 병. 나에겐 이런 것들을 뛰어넘을 수 있는 절박함 같은 것이 부족했기 때문일 것이다. 하고자 하는 일들이 손닿지 않는 먼 곳에 있다고만 생각해서 그저 한낱 꿈으로만 존재하는 이상이 되고 만 것일까.

적당한 양분과 햇살 속에서 별 불편함 없이 자란 온실 속 화초가 창 너머 바깥세상을 향해 팔을 벌리고 있는 생기 가득한 여린 잎을 향해 허기진 웃음을 날린다.

그녀의 강

분명 나의 강이었다. 햇살에 반사되는 은빛 모래며 물속에 잠겨 있는 여인의 속살 같은 모래에 반해 발길 이어졌던 강이다. 흥겨운 마음을 출렁거리러 가기도 했고 착잡한 마음을 삭히고자 찾기도 했다.

핸들에 리듬감을 주며 긴 강줄기를 따라 달리다 보면 강바람 배어든 머리칼이 볼을 간질였다. 강줄기의 거리가 시간에 비례하는 만큼 머리칼의 간질임은 피부 깊숙이 파고들며 온몸을 촉촉이 적신다.

아무리 많은 사람이 그 강을 좋아한다 한들 내 감정에 비유되지는 않았다. 그 강은 오로지 나를 위한 강이었고 나만의 강이었다.

매년 봄을 맞으러 갔고 그래야만 나의 일 년이 시작되었다. 특히 산수유와 매화가 흐드러진 날엔 그 향기에 취해 휘청거리기도 했다. 어쩌다 기회를 놓친 해의 봄은 왜 그리 몸살을 해댔던지. 뒤늦게 찾아가 남들이 휩쓸고 간 빛바랜 풍경 앞에서 열병을 앓기도 했다.

폭염 내리쬐는 여름 모래밭, 통통 여물어 가는 가을 물살, 살풋 얼어 무늬 옷 입은 겨울 물결, 어느 때인들 내 마음을 거부한 적이 있었던가. 내 감정의 미세한 부분까지 함께 나눌 수 있음에 나의 강으로 이름 지어 불렀다.

그러던 나의 강을 슬며시 그녀에게 넘겨주었다. 그녀, 지팡이에 몸을 의지해야만 하는 작은 체구 안에 그처럼 열띤 감정이 도사리고 있었음을 알게 된 그날로 나의 강은 그녀의 강으로 옮겨진 것이다.

섬진강 곳곳에 어려 있는 그녀의 추억은 농익은 은어가 산란처를 찾아가느라 힘쓰는 몸놀림만큼이나 생동감 넘치는 그림이었다. 오래도록 갈망했던 정인情人과의 나들이를 회상하는 눈빛과 감성은 실바람에도 휘청하게 펄럭대는 가늘디가는 거미줄처럼 섬세하고 애틋했다. 섬진강 발원지에 대한 선문선답에서부터 솔바람 사이로 실려 보낸 풋풋한 웃음, 바닥이 훤히 들여다보이는 강물 속으로 흘러가는 모래, 하늘을 흐르는 구름, 강물 따라 길에 이어진 이야기에 대한 추억들을 쏟아 내는 입술은 지칠 줄 모르고 여닫혔다.

그녀의 감정은 이미 나의 존재를 떠나 있었다. 이야기를 듣고 있는 사람을 향한 이야기가 아니라 자신과 정인과의 거리를 좁혀 가는 말발굽 소리 같았다. 스스로 감정에 취해 홍조를 띠는 뺨은 안장 위에서 달리며 휘날리는 옷자락처럼 출렁거렸다.

더 이상은 가눌 수 없는 정인에 대한 감정을 보듬고 산사를 찾아갔던 날, 적막한 풍경만큼이나 깊고 중후한 몸짓으로 차를 달이는 정인의 모습을 마음 깊이 담아 오면서 한없이 작아 보이는 자신의 모습이 서러웠다던 사연들은 햇볕에 반짝이는 물결처럼 영롱했다.

그녀의 삶에 차향의 애틋함이 큰 자리를 차지했고 어찌할 수 없는 산사람이라는 아릿함을 이겨내기 힘든 것은 눈빛이 되었다. 그런 눈빛이 가 닿는 섬진강 구석구석의 풍경을 어찌 내 품에만 품고 싶다고 우기겠는가. 그렇게 아끼던 나의 강을 넘기는 순간, 그녀는 '연꽃 속의 보석'이 무엇을 뜻하는지 생각해 보라는 화두를 넘겨받았다는 말을 혼잣말처럼 되뇌었다.

덕망 높은 정인과의 거리를 좁히기 위한 몸부림, 그녀는 마침내 홀로서기를 하였다. 신체장애를 무릅쓰고 나이 40중반에 원하던 교사가 되어 눈망울 초롱초롱한 아이들과 생활하고 있다. 정인을 향한 애틋함을 제자들과의 사랑으로 승화시켜 열심히 살아가고 있는 제 모습이 바로 보석이라는 걸 그녀는 알고 있을까.

내 생애엔 어떤 보석이 있어 빛을 낼 수 있을까. 무엇이 나의 강을 되찾게 해 줄까. 다시 찾고 싶은 미련을 갖고 찾아가는 강줄기, 아직도 그녀의 강으로 흐른다.

초라한 천국

두 평도 못 되는 작은 공간의 벽면엔 무수히 많은 물건이 걸려 있다. 그리고 그 물건들이라는 게 하나같이 다 궁상맞은 것들이다. 그것들조차도 자세히 들여다보면 그 가게에서는 별 쓸모가 없는 물건들도 있다. 내가 그 가게를 들락거린 지가 십여 년이 되는데 대부분 그때부터 지금껏 그 자리에 그대로 있는 걸 보면 전시용에 불과한 것들이다. 다만 자그마한 재봉틀 앞 코너에 있는 물건들만 조금씩 바뀌고 있다.

그럼에도 그 가게 안은 항상 평온한 분위기가 감돈다. 그것은 주인아저씨의 표정에서 나오는 온아함 때문이지 싶다. 70대 중반쯤 될까? 표정이나 행동을 보면 그런 일을 할 분이 아닌 것처럼 보이는데 그분의 손끝에서 수선된 물건들을 보면 숙련공임을 알게 된다. 구두나 가방, 우산 등을 만지는 솜씨가 조금도 서툴지가 않다.

언젠가 그분의 모습과는 너무 동떨어진 그런 일을 하는 것이 의아해서 넌지시 여쭈어 보았더니 평생을 먹고 산 직업이란다. 젊어서 구두 공장에서 일한 적이 있었고 그것이 끈이 되어 지금껏 이 일을 하고 있단다. 혹 정년퇴직 후 심심풀이로 하는 일일까 하고 생각했었는데 평생 직업이라니. 난 다시 한 번 그분의 얼굴을 찬찬히 들여다보았다. 어느 누가 보아도 덕망 있는 온아함이 묻어 있었다.

나이 사십 넘어서면 자신의 표정에 책임을 져야 할 나이라고 했다. 그렇다면 그분은 참으로 자부심을 느껴도 되는 생을 살아온 셈이 되는 것이다. 그렇거늘 나는 왜 그런 일이라고 지칭을 한 것인가. 직업에는 귀천이 없다는 이론은 머릿속에 들어만 있었지 실제는 그런 일들을 경시하고 있었던 모양이다.

가끔 남편 정년 후에 뭐 해볼 만한 것이 없을까를 생각해 보곤 한다. 생활하는 데는 지장이 없겠지만 생활의 활력소를 위한 일을 찾아보려는 것이다. 이왕이면 소비적인 일보다는 건설적인 일을 찾아보자는 데까지는 생각했지만 마땅한 일을 찾기는 어려웠다. 어떤 일은 자본이 많이 들 것 같아서, 어떤 일은 너무 힘들 것 같아서이다. 더러는 '체면 때문에'라는 생각이 앞서기도 했다. 그 체면이라는 것이 사소한 일에도 걸림돌이 되었다.

이런 일은 대부분 사람들에게도 마찬가지이리라. 사람들은 왜 그리 체면이라는 굴레를 쉽게 벗지 못하는지. 그러고는 그렇게 전전긍긍하면서 살아가는지 모를 일이다. 많이 가지면 가질수록, 지위가 높으면 높을수록 기준치가 높아져 가고 그에 따른 후유증도 깊어간다. 사람의 의식이라는 것이 이렇게 무서운 것이구나 싶다. 그렇기에 그 아저씨의 표정이 더욱 마음에 와 닿는지도 모르겠다.

그곳에서 이것저것 살펴보고 있노라면 참 재미가 있다. 한참 유행 지난 구두 몇 켤레가 뽀얀 먼지를 뒤집어쓴 채 지나간 세월을 셈하고 있는 것하며 색 바랜 우산들의 넋두리를 듣는다. 사시사철 그 자리에서 탈탈거리며 바람을 일으키는(말리는 작업에 쓰임) 선풍기며 시큼한 냄새를 풍기는 석유풍로의 녹슨 얼룩에서는 먼 향수를 느낀다. 무릎에 얹어진 작업 천은 온갖 잡티들이 몇 겹을 덧입어서 원래의 무늬가 어떤 것이었는지 가늠이 안 된다. 수선할 때마다 구석에서 꺼내는 도구들이 희한하고 기이한 것들이다. 어떤 물건을 가지고 가도 그것을 수선할 기구들이 이곳저곳 구석에서 나오는 것이다. 그럴 때마다 참으로 좁고도 넓은 공간이구나 싶다.

고급 물건이 그곳에 올 까닭이 없다. 그저 평범한 사람들이 쓰는 너절한 물건들이다. 그런 물건들이건만 정성 들여 기워주고 닦아주어 가며 새롭게 빛을 내 준다. 조금의 흔적은 남을지라도 다시금 제 역할을 할 수 있는 모습으로 돌아가는 것이다. 비록 남의 물건이지만 새롭게 재생시키는 역할을 해 주다 보니 자신의 삶도 그렇듯 재생시켰던 것일까. 그래서 그런 표정으로 표출된 것이리라.

수선된 물건을 들고 나오면 빈자리를 채우러 들어가는 친구분들의 얼굴이 환하다. 주인이 작업하는 자리 빼고는 딱 두 사람 앉을 자리밖에 없지만 그 자리가 비어 있는 적이 없다. 손님이 없는 시간엔 친구분들이 와서 장기를 두곤 한다. 별로 따뜻할 것도, 풍족한 것도 없는 공간이건만 그리도 좋을까. 다정하게 도란거리는 말소리가 길목까지 따라나온다. 고리타분한 물건들로 너절한 공간, 비록 초라하기는 하지만 그 작은 공간이야말로 천국인 것 같다.

목마른 사랑

비가 오는 산사에서 친구의 이야기를 듣다 보니 낙숫물 떨어지는 소리 속에서 가느다란 울림이 들린다. 한 어린아이가 간절하고 애타게 불렀다는 "아빠!" 소리는 거대한 폭포 속에서도 울려 나올 것처럼 긴 여운으로 다가왔다.

그 아이는 아빠와 떨어져 살고 있다. 일 년에 고작 한두 번 만나는 편이다. 엄마 또한 일 때문에 며칠씩 집을 비워야 하는 까닭으로 할머니 할아버지 품에서 자라는 시간이 더 많다. 그래서일까. 제 또래 아이보다도 훨씬 빨리 성숙해 버린 것이다.

이제 나이 여섯 살. 다른 아이들은 그 나이에 아직도 어리광부리며 징징거리고 떼를 쓸 텐데 나이답지 않게 의젓하다. 사람들

앞에서, 특히 엄마 앞에서는 절대 아빠 이야기를 하지 않는다. 다만 감출 수 없는 표정에서 아이의 마음을 짐작할 뿐이다.

자주 만나지 못하니 아빠에 대한 의식이나 기억이 별로 없을 텐데 간혹 아빠 얘기가 나오면 배시시 웃으며 좋아하고 살며시 귀 기울이기도 하고 아빠의 사진을 가슴에 꼭 끌어안고 잠을 자기도 한다. 그러면서도 아빠를 찾거나 보고 싶다는 말을 하지 않는 다니 아마도 그러면 안 된다는 생각을 하는 것 같다.

어느 날, 할아버지와 함께 목욕탕에 갔을 때의 일이란다. 일부러 사람들이 많지 않은 시간을 택해 갔던 터라 목욕탕은 조용한 분위기였는데 목욕이 거의 끝나갈 무렵 아이의 눈길이 자꾸 물이 콸콸 쏟아지는 욕조 쪽으로 향하더니 할아버지에게 조심스럽게 이야길 하더라는 것이다.

"할아버지, 나 저기에 들어가서 큰 소리로 '아빠!' 하고 불러보면 안 될까요?"

순간 할아버지의 가슴이 먹먹해지면서 울컥해졌더란다. 저 아이가 얼마나 아빠가 그립고 불러보고 싶었으면 저런 생각을 했을지, 또 물소리가 있어 목소리를 조금이나마 숨길 수 있을 거라는 생각을 한 것인지 참으로 기가 막히는 일이었단다. 몇 번이고 반복해서 불러대는 '아빠' 소리가 왜 그리 애절하던지 할아버지의 가슴이 마치 가시에 마구 할퀴는 것 마냥 쓰리더라는 이야기였다.

참으로 목마른 사랑이다. 넘치도록 듬뿍 받아야 할 사랑의 빈자리가 너무 휑하다. 받지 못하는 갈증 난 사랑 뒤엔 채워주지 못하는 잠긴 사랑이 끈을 이루고 있다. 핏줄의 끈, 그것이 무엇이기에 그토록 어린 마음을 애타게 하고 지켜보는 마음을 처연하게 만드는가.

요즘 아이들은 극과 극을 넘나드는 시기에 살고 있다. 넘치는 사랑을 받고 부족함을 모르며 사는 아이들이 있는가 하면 부모 곁을 떠나 할아버지 할머니 품에서 자라는 아이들이 있다. 조손가족은 대개 부모들의 이혼 때문에 생긴 가족이다. 예전에는 웬만하면 자식들 때문에 참으며 살았고 헤어지더라도 서로 자식을 뺏기지 않으려고 법정 싸움까지 마다치 않았다. 그런데 지금은 너무 쉽게 헤어지고 자식 또한 서로 맡지 않으려고 싸움을 한다. 그런 부모를 둔 아이들이 갈 곳은 어디이겠는가.

자식에 이어 손자들까지 맡아야 하는 노인들의 가슴에선 삭정이 부러지는 소리가 난다. 몰라라 하고 털어 버릴 수도, 제 부모들을 대신할 수도 없는 상황에서 그저 되어가는 대로 지켜볼 수밖에 없을 것이다. 행여 비뚤어질까, 기죽어 살지 않을까 노심초사하는 마음으로 바라보아야 하는 심정인들 오죽할까. 바싹 마른 가슴에 불길이 닿으면 거침없이 활활 타는 불꽃이 되고 물에 젖으면 움직이기 어려울 만큼 버거워져서 비틀거릴 것이다.

집에 돌아와서는 언제 그랬냐는 듯 다른 식구들과 어울려 노는 아이의 모습을 보면서 할아버지가 자꾸만 술을 홀짝거리는 것은 꼭 술이 먹고 싶어서가 아니었으리라. 아이가 물소리에 제 목소리를 감추고 싶어 했듯 할아버지는 자꾸만 붉어져 오는 눈을 술기운으로 덮어씌우고 싶었을 것이다.

받지 못하는 사랑이나 대신해 주지 못하는 사랑, 모두가 목마른 사랑이다.

등으로 우는 남자

오랜만의 만남에 반가운 미소가 넘쳤다. 나누고 싶었던 이야기가 밀렸던가. 서로 말머리가 부딪쳤다. 상대편이 이야기하다가 잠시 쉬는 호흡 사이로 자신의 이야기를 들이밀기 바쁘고 금세 또 다른 얘기할 준비하느라 바빴다.

그러다 그분의 얘기 사이사이로 뭔지 알 수 없는 그늘이 느껴졌다. 앞뒤가 맞지 않는 이야기가 한 번씩 튀어나오고 자꾸 번복되는 부분이 있었다. 왜 그럴까 하는 의구심이 생길 즈음 그분은 무거운 한숨을 쉬었다.

"아무래도 말을 해야 할 것 같아, 얼마 전 큰아들을 잃었어."

갑자기 등줄기에 써늘한 기운이 감돌았다. 서로 부딪치던 말머리가 갑자기 침묵으로 이어졌다. '왜? 어쩌다?' 하는 질문조차 할 수 없어서 그냥 말문이 막히고 말았다. 무슨 말이든 해야 하는데, 그래야 하는데, 뭐라고 해야 할까 손만 비비며 목이 탔다.

몇 초가 긴 시간으로 느껴졌다. 그 시간을 잘게 부수는 목소리가 들렸다. 담담하려고, 그러려고 애써 당신의 감정을 누르는 목소리가 침묵을 깼다. 그분은 계속 무슨 말인가를 하셨다. 입가에 가끔 미소를 띠며 이야기를 이어가는 얼굴을 바라보면서 내 얼굴을 어떻게 관리해야 하나 싶어 굳어졌다. 그러다 이게 아니지 싶어서 환하게 웃기도 했다. 위로랍시고 횡설수설 늘어놓는 내 마음이 그분의 마음보다 더 심하게 요동을 쳤다.

문득 돌아가신 아버지의 모습이 떠올랐다. 오빠의 죽음을 전해 듣고 무척 참담해하셨던 아버지. 그런데 막상 다른 사람들 앞에서는 애써 아무렇지 않다는 듯 행동하시는 아버지의 모습이 너무 의외였었다. 평소에는 별말이 없던 아버지가 그 상황에서 사람들과 계속 무슨 말씀인가를 하시며 웃기까지 하시다니. 너무 생소하고 다른 모습에 마음이 몹시 아팠던 기억이 난다.

화장실에 다니러 나가는 그분의 뒷모습이 흐느끼듯 움찔거렸다. 애써 삼키던 울음을 뱉으러 가시는 것이리라. 가슴으로 삼킨 울음이 등에서 흘렀다. 내 아버지께서도 그렇게 우셨다. 아무도 보지 않는 곳에서 몰래몰래 눈물을 훔치셨다. 내 눈시울이 시큰해온다. 그분의 슬픔인지 내 아버지의 슬픔이었던 것인지 모르는 아픔이 울컥 올라왔다.

어린 손자들을 돌봐줘야 하기에 이사해야 한단다. 삶의 터전을 버리고 떠날 수밖에 없는 현실이 아쉽다고 말하지만 어쩌면 사람들을 피하려는 방편인지도 모르겠다. 떠난 자식을 위해 금강경이나 낭송하면서 조용히 지내려 한다는 말씀이 왜 그리 헛헛하게 들리던지 하마터면 왈칵 눈물을 쏟을 뻔했다.

며칠째, 그분의 생각이 머리에서 떠나질 않는다. 아들의 사진 앞에 향을 피우고 금강경을 외우며 기도하리라. 손자들의 얼굴에서 가슴에 묻은 핏줄을 이어보려 눈을 떼지 못하리라. 누군가의 전화를 받고 지금 먼 곳에 와 있노라고 거짓말을 하리라. 손가락을 짚어가며 세월을 거꾸로 세어보고 있으리라. 빈방에서 홀로 꺼이꺼이 통곡을 하는 날도 있으리라.

내 아버지의 야위셨던 볼과 웅크린 등이 겹쳐 보인다. 축축이 젖은 등이 내 눈에 들어오는 날엔 종일 비가 내렸었다. 눈발이 날리는 날엔 얼룩이 지고 꽃잎이 날리는 날엔 헛웃음이 피던 등, 그렇게 등으로 우는 또 한 남자가 저만치 걸어간다.

매서운 바람이 그분의 옷자락을 들썩거린다. 앞섶을 꼭 잡아 올리는 손끝의 떨림이 공기의 흐름을 타고 전해온다. 언제쯤 저 떨림이 가라앉을지. 세월이 약이라던데 저 가슴속엔 언제쯤 따스한 바람이 스며들까.

주상절리를 보며

흩뿌리는 빗발 사이로 보이는 바위는 그냥 바위가 아니었다. 검은 찰흙을 깎아 만든 조형물 같았다. 똑같은 모양으로 이루어진 육각형의 기둥들이 키 재기를 하는 것일까. 한 줄씩 떼어서 조금씩 잘라 두 손바닥으로 굴리면 까만 구슬이 될 것 같다.

쉴 새 없이 밀려왔다 밀려나는 파도들. 약간의 바람이 곁들인 파도는 검은 기둥에 하얀 물거품을 뒤집어씌운다. 각진 부문마다 골이 생기며 흘러내리는 물줄기가 작은 폭포를 이루고 힘껏 치솟았다가 물러서면 또다시 밀려오는 힘에 떠밀리어 소용돌이치다 다시 튕겨 오른다. 얼마나 단단하기에 그 많은 세월 동안 저렇듯 부대끼면서도 각이 진 모양들이 흐트러짐이 없을까.

흔히 파도가 바위를 들이친다고 생각했었다. 그러나 제주도 주상절리 앞에 맞닿은 파도는 바위의 위용에 맥을 추지 못했나 보다. 처음엔 깐죽거리며 장난을 쳤을 것이다. 그러다 아무리 건드려도 끄떡 않는 바위 앞에서 화가 나기도 했으리라. 이따금 집채만 한 크기로 덤벼도 요지부동인 바위들에 오히려 겁을 먹었을까. 파도는 제정신이 아니었다. 바위에 부딪히면서 찢긴 상처를 부여안고 뒤엉킨 채 곤두박질을 치고 있었다.

바위틈새에서 웃음소리가 새어 나온다. 주상절리라는 푯말을 본 순간부터 그분의 웃음소리가 들려왔다. 그분의 수필 속에서 '주상절리'를 읽었던 기억이 웃음소리를 끌어낸 것이다. 거무스름하고 작은 체구에 걸맞지 않게 웃음소리는 아주 호탕했다. 이야기를 시작하기 전에 먼저 웃음부터 나왔고 웃음으로 끝맺음을 했다.

웃음소리 못지않게 목소리도 당당하고 우렁찼다. 회의 하던 어느 날, 어떤 불미스러운 일에 대한 말을 하는데 교실이 쩌렁쩌렁하도록 소리를 높이는 바람에 깜짝 놀란 적이 있었다. 고함을 질렀다는 생각보다는 그 소리가 어찌나 우렁차던지 목소리의 여운이 지금도 귓바퀴 한구석을 맴돌고 있다.

그분이 본 '주상절리'는 신이 다듬어놓은 경이로움과 파도의 포효와 맞서는 위엄이 서려 있어서 그 어떤 것도 범접할 수 없는 위용을 갖춘 신전이었다. 그 표현은 바로 자신의 내면에 도사리고 있는 근엄함에서 나왔을 것이다. 문학을 통해 만난 지 10여 년 동안 함께 공부한 동기로서 보아온 그분의 성품이 그랬다. 그분의 문학작품에도 올곧은 정신이 그대로 묻어나 있다. 아마도 육군 중령의 자리에 오래 계셨던 성정이었지 싶다.

어떤 어려운 일 앞에서도 결코 흐트러짐이 없어 보였다. 어쩌다 부부 동반해서 나들이하는 모습을 보면 외모는 부인보다도 왜소했다. 그것을 본 동기들은 뒤에서 쿡쿡거렸다. 사모님이 업어 주셔야겠다고 놀리기도 했다. 그러나 자세히 살펴보면 그분은 힘찬 걸음걸이와 심지 굳은 표정으로 앞서 가시고 사모님은 뒤에서 그분의 기에 휩쓸려 가시는 듯 보였다.

여행에서 돌아와 그분과 '주상절리'에 대해 얘기하고 싶었다. 우주의 섭리와 육각형은 어떤 연관이 있는지, 수없이 많은 파도와의 부딪침에도 그 모습을 가지런히 보존하는 힘은 어디에서 나오는지를. 은근슬쩍 주상절리 기둥들과 그분의 정신을 빗대어 말하면서 그런 것들을 닮고 싶었던 내 속내도 살짝 비춰보리라 마음먹었다.

전화기 저쪽에선 낯선 음성이었다. 이제 전화를 받으실 수 없다는 말이 아득히 먼 곳에서 들려오는 이명 같았다. 나누고 싶었던 이야기들이 바람에 쓸려가는 나뭇잎 되어 땅바닥을 맴돌았다. 서둘러 그분의 모습을 보아야겠다는 일념으로 내일을 약속했다. 'ㅇ

○○ 요양병원'이라는 메모지 위에 아지랑이 같은 물기가 핑 돌았다. 어른거리는 물기를 손바닥으로 꾹꾹 눌러 닦아내고 있을 무렵 한 문우의 전화를 받았다.

"조금 전 운명하셨답니다."

내일로 미룬 약속이 너무 허망했다. 이제 그분을 위해 할 수 있는 일이 무얼까. 순간의 동작으로 멈추어 있는 사진 속 주상절리 기둥을 마음에 새겨 두어야겠다. 강직하고 호탕한 정신을 그대로 옮겨 담아 두었다가 그분을 알고 있었던 사람들과 옛 이야기를 나누리라.

진흙, 그 반전

진흙땅에 온갖 짐승들이 다 모여든다. 그들이 진흙을 찾는 이유는 몸속에 쌓인 독소를 해독하기 위한 것이라고 한다. 살아가기 위해 섭취하는 것들은 독소가 있는 것이 많은데 그걸 먹고 나서는 반드시 해독제를 먹어 주거나 피부에 발라야 한다는 것이다. 짐승들에겐 그 해독제가 바로 진흙이다.

진흙 속에서 피어나는 연꽃은 꽃중의 꽃으로 여긴다. 연못은 흘러 들어온 물이 고이는 곳이기에 오염이 가득한 곳이다. 그런 곳에서 고고하고 찬란한 꽃을 피울 수 있는 것은 수질을 정화시켜 수초가 잘 자라게 하는 진흙의 숨은 공로 때문이다. 모든 오물을 제거하는 진흙은 오물을 뒤집어 쓴 흙탕물이 되지만 그 진흙을 발판 삼아 자라는 연꽃은 곱디고운 꽃을 피운다.

진흙으로 덮인 개펄은 많은 생명이 숨쉬는 공간이다. 크고 작은 생명들이 그 속에서 영양분을 섭취하거나 은신처로 삼아 삶을 이어간다. 비록 서로 먹히고 먹는 공간이지만 그곳에서는 수많은 생명들이 끊임없이 다시 탄생하며 삶이 이어진다. 사람의 몸을 부드럽게 만들어 준다는 머드팩 또한 진흙이 원료이며 우리 일상에 필요한 그릇의 원료로도 활용된다.

이렇듯 쓰임이 다양한 진흙의 진가는 결코 허술히 대할 수 없는 존재임에 틀림없다. 그런데도 우리는 그 진흙을 놓고 삶의 지침서를 삼는다. 그것이 좋은 쪽으로 생각한다면 굳이 말할 것이 없겠지만 흔히들 진흙을 궂은일에 비유하는 것이 문제인 것이다. '진흙 속의 연꽃'이랄지 '진흙 속의 진주'라는 말로 깨끗함을 돋보이게 하는 더러움을 상징한다.

백제 가요 〈정읍사〉에도 진흙이 궂은 곳의 상징으로 쓰였다. 행상을 떠나 오래도록 돌아오지 않는 남편을 기다리는 아내의 마음은 달을 보며 남편의 귀환을 기원하면서도 온갖 상상에 휩싸인다. 몸을 다친 것은 아닌지, 길을 잃어버린 것은 아닌지, 주색酒色에 빠진 것은 아닌지 하는 안타까움이 나타난 노래이다.

그 안타까움의 가장 적나라한 표현이 바로 '즌대를 디디욜세라.'이다. '즌대(진데, 진곳)'는 '수렁물(진흙물)'이 고인 곳을 말한다. 시장을 돌아다니다가 혹시 궂은 곳(사창가)을 가게 되지 않을까 하는,

그러다 다른 여인이 생기면 자신은 지는 해가 되어 어두운 세상이 될까 두려워 염려하는 것이다.

그렇다면 진흙의 쓰임새와 상징적인 표현은 그야말로 엉뚱하다. 독소를 뽑아내고 고운 꽃을 피우며 살아 꿈틀거리는 생물을 품고 있는 진흙을 이처럼 더럽게 상징하는 이유는 뭘까. 아무리 좋은 것을 더욱 돋보이게 하는 역할이라지만 진흙으로서는 억울해도 한참 억울할 일이다.

진흙처럼 살다 간 벗이 있었다. 어려운 가정에서 맏이로 태어나 가족을 위해 희생을 해야만 했던 여인, 몸을 팔아 생계를 이어가고 동생들을 가르쳤건만 더러움이라는 오명만이 생의 올가미가 되어 그녀의 정신을 갉아 먹었다. 그 덕에 학교를 나와 버젓한 직장을 다니는 친 형제자매들마저도 그녀의 존재를 숨기고 싶어 했고 대면하려 하지 않았다. 몸과 마음이 망신창이가 된 그녀는 그저 속으로만 품어야 했던 사랑 앞에서도 그림자처럼 살다 갔다.

갖은 오물을 다 뒤집어쓰면서도 오로지 가족들에게는 영화로운 꽃을 피우게 했던 여인, 그렇지만 그녀의 영혼만큼은 어느 누구보다도 맑았다. 그러나 시대가 변하여 어지럽고 난잡한 세상이 된 지금까지도 그녀에게 찍힌 낙인은 옛 그대로이다. 저세상에서조차 구멍 뚫린 가슴을 쥐어뜯고 있지도 모를 일이다. 이제 그만 그 오명을 벗게 해 줄 수는 없을까.

더러움에 대한 기준을 어디에 두어야 할 것인지 한번쯤 생각해

볼 일이다. 진흙의 양분으로 영화를 누리는 꽃의 찬사만 늘어놓기보다는 희생을 마다하지 않는 진흙의 참 뜻도 알아야 할 것이고 진흙 속에 숨겨진 진주의 아름다움만을 보기보다는 생명을 품어 주는 진흙의 너그러움을 배려해 주어야 할 것이다. 그래야 하거늘 어찌 진흙을 그리 홀대하는가. 진흙으로선 그 반전을 도모해야 할 일이다.

우리의 삶 구석구석에도 이와 같은 반전을 도모해야 할 것들이 많다. 작게는 가정에서부터 크게는 국가의 일에 이루기까지 그늘에 가려져 희생하고 사는 경우가 많다. 그 희생을 발판으로 솟아오르는 이들이 얼마나 많은가. 그러면서도 그 고마움을 알기는커녕 자신의 이익을 위해 상대의 감정을 배려 할 줄 모르는 이기심 때문에 가정의 평온이 무너지고 사회가 문란해진다.

나 또한 어느 쪽인지 알 수 없다. 모든 걸 참고 살아 온 진흙 같다는 생각일 때가 있는가 하면 누군가의 희생을 바탕으로 피워진 연꽃 같다는 생각일 때도 있다. 희생하는 진흙으로써 반전을 꾀해야 하는지 여왕 같은 꽃으로 사는 것을 반성해야 하는지 모를 일이다.

살신성인

한풀 꺾인 햇살 때문인지 베란다에 내려앉은 햇볕이 까칠하다. 화초들도 얕은 몸살을 앓고 있는 듯 윤기를 잃어가고 추위에 대비하기 위해 두꺼운 잎맥을 형성하느라 투박해져 간다. 그래서일까. 그것들을 바라보는 마음 한구석에도 서늘한 기운이 맴돈다.

알싸해진 마음을 차 한 잔으로 달래며 화초들을 눈여겨본다. 길게는 20여 년을 함께한 것도 있고 엊그제 들여온 것도 있다. 저마다 한 자리 차지하고 앉아 나와 함께한 세월을 세고 있다. 베란다를 다 차지할 정도로 큰 철쭉은 아파트 아래 화단에 옮겨심기도 했고 개체 수가 불어난 것은 다른 집으로 분양을 시키기도 했다.

한때는 철 따라 갖가지 꽃들을 피우게 해서 우리 집이 꽃집으로 통하기도 했었다.

그런데 이제 잔손질이 가는 화초는 피하고 되도록 손쉬운 화초들로 바꾸어 가고 있다. 계절을 타지 않고 사시사철 그 모양대로 남아 있는 것들만 남게 되었다. 그러다 보니 그리 신경 쓰지 않아도 무난한 화초들만 있다. 그래도 난 화분 몇 개가 조금 돋보이는 역할을 하고 있다. 대부분 선물로 들어온 것들이라서 되도록 성의를 다해 키우려 하고 있다.

그중 화분 하나는 깨져서 난의 뿌리가 이리저리 엉켜 있는 상태로 있다. 보기도 그리 좋지 않고 난의 품질도 별것 아니지만 나는 그것을 그냥 그대로 놓아두었다. 아니 차마 버릴 수가 없다는 표현이 맞을 것이다.

우리 집에 놀러 온 지인이 트리안을 분양해 가면서 길게 늘어뜨릴 수 있는 화분이 있었으면 좋겠다는 말을 했다. 우리 집에서 분양해 가니 화분까지 갖춰 주고 싶은 마음이 들어 마땅한 화분을 찾던 중 좀 허술해 보이는 난에 눈이 꽂혔다. 잎이 누렇게 뜨고 축축 늘어져 생기가 없어 보이는지라 난을 버리고 그 화분을 지인에게 주어야겠다는 생각을 했다.

그런 생각을 하고 난 다음 날, 베란다에 나가 일을 보다가 그만 그 화분을 잘못 건드리는 바람에 한쪽이 깨지고 말았다. 그런 화분을 지인에게 줄 수는 없겠기에 그대로 밀쳐놓았다. 그런데 얼마의 시일이 지난 뒤 희한하게도 새싹이 올라오고 있었다. 다시는 소생하지 못할 것처럼 널브러져 있는 잎들 사이에서 뾰족이 올라오는 새싹은 참으로 싱싱하고 예뻤다.

무슨 까닭일까 생각해 보니 아마도 깨진 틈 사이로 공기가 스며들어 화분 갈이 역할을 한 것 같다. 그동안 눈으로 보기만 했지 제대로 관리도 해주지 못하면서 못났다고 버리려고 했구나 싶다. 미안한 생각에 난을 버리려 했다가 거꾸로 화분을 새것으로 바꾸어 주려고 깨진 화분을 떼어 내려니 좀처럼 떨어지지가 않는다. 두드려 부수어야만 할 것 같아 망치를 들고 화분을 내려치려는 순간 화분이 내게 무언의 몸짓을 했다.

자기가 품고 있었던 난을 버리지 못하게 하려고 스스로 몸을 망가뜨린 것이라고. 자기가 성한 몸으로 있었다면 난은 죽은 목숨이 되었을 것이라고.

세상에는 그렇게 헌신적으로 살아가는 사람들이 있다. 나는 그분을 딱 한 번 보았다. 처음엔 누구인지도 모르는 상태에서 물끄러미 바라보았다. 아니, 나도 모르게 그분의 모습에 시선이 머물렀다. 허름한 옷차림과 거친 손, 부스스한 머리에 앉은 미세한 먼지들이 창문을 통해 들어오는 햇살에 반사되는 것을 멍하니 보고만 있었다. 무슨 일을 하다 왔을까.

그분이 지하실로 내려간 뒤에야 상황을 알 수 있었다. 그곳에서 인쇄 작업을 하던 중이었다는 사실을. 그리고 그분이 바로 서정환 사장님의 사모님 황의순 여사님이셨다는 사실을. 나는 그분을 바라보았던 내 마음을 누구에겐가 들키기라도 한 것처럼 민망했다. 그분은 전주에서는 꽤 인정을 받고 있는 출판사 안주인의 모습이 아니었다. 적어도 내가 알고 있는 사장 사모님들은 우리와는 좀 거리가 있는 사람이어야 했다. 유행에 앞선 옷차림과 값나가는 보석, 진한 매니큐어와 높은 하이힐 등으로 선망의 대상이 되고 사무실을 휙 둘러보는 시선만으로도 직원들을 긴장시키는 분위기로 상상되었다.

그런데 내게 비친 그분의 모습은 그저 평범한 직원의 한 사람이었다. 그것도 가장 어렵고 힘든 일, 그래서 사람들이 피하는 일을 도맡아 하는 제일 낮은 위치에 서 있는 분 같았다. 잠시 혼란스러운 내 마음이 차분히 정리되는 시간은 그리 길지 않았다. 그분에 관한 이야기에 귀를 쫑긋 세우게 되었고 그럴 때마다 '살신성인'의 진리를 실감하곤 했다.

몸 아끼지 않고 희생하여 회사의 부흥을 돕고, 힘들게 얻은 부를 자신의 부귀와 영화에 소모하기보다는 사회에 환원하는 자세로 살아가는 행동이야말로 아무나 할 수 있는 일은 아니기에 더욱 돋보이는 모습으로 각인되었던 분이다.

그렇게 살다 가신 그분은 이제 동백꽃 같은 정열의 혼으로 남편의 사랑을 받고 있다. 작은 약속 하나 지켜 주지 못한 아쉬움을 달래는 사장님의 눈길이 빨간 동백꽃 위에 머물고 있는 동안은 세상 어느 것에도 비길 수 없는 진한 사랑으로 이어진다. 미처 못다 피고 떨어진 동백꽃 한 송이에 얼마나 많은 눈물이 숨겨 있을지 아무도 짐작하지 못하리라.

사장님의 사랑은 '황의순 문학상'이라는 이름으로 이어졌다. 잊혀가는 아내의 이름을 더 깊이 가슴속에 각인시켜 놓으려는 방법인지도 모른다. 그래도 허전한 마음을 채우지는 못했던 것일까. 아내에 관한 이야기들을 모아 영원히 지워지지 않는 활자로 묶어 놓고 싶어 하신다. 나도 그 대열에 끼여 단 한 번 보았지만 많은 생각을 하게 한 그분의 삶에 작은 흔적을 남겨본다.

05

여우의 변

가끔 혼자 산행을 하는 때가 있다. 주로 복잡한 감정을 정리하고 싶을 때이다. 가까운 산일 때도 있고 먼 산일 때도 있다. 감정의 기복이 크게 차이가 날수록 산의 깊이가 깊어진다. 옷에서 물이 흐를 정도로 땀을 흘리고 다리가 휘청거릴 정도로 걷고 나면 마음이 정갈해지는 그 맛을 모르는 사람은 이런 나를 의아해한다.

'여자 혼자서'라는 단서가 망설이게 하는 요인이 되긴 하지만 자연을 감상하고 즐기는 마음을 여자 혼자라고 망설이고 못할 것이 있겠는가. 내가 남자이고 싶을 때가 있다면 혼자 여행하고 싶은 것 때문이라고 말하고 싶을 정도로 혼자 여행하는 걸 좋아한다.

어느 봄날, 지리산 세석의 철쭉향기 속에 묻혀 보고 싶은 마음을 누르지 못해 혼자 산길에 올랐다. 전문적인 등산복 차림이 아닌 그저 평범한 옷차림에 허름한 등산화가 오히려 사람들 눈에 뜨였던 것일까. 지나치면서 염려해주는 마음들이 살가웠다. 그러나 그들의 염려와는 달리 자연이 주는 즐거움에 빠져 흥겨워지는 마음은 어디에도 비교할 수가 없었다.

그런데 그렇게 자신만만하게 산을 오르면서도 몸이 도사려지는 때가 있었다. 사람들이 많을 때나 혼자 가는 사람을 만날 때보다는 몇 사람씩 함께 지나치는 남자들을 보게 되면 나도 모르게 몸이 움츠러들었다. 그럴 때는 내가 여자임을 어쩔 수가 없다.

앞에서 남자 두 사람이 담소를 나누며 내려오고 있었다. 순간 가슴이 철렁했다. 이 나이에 무슨 당치않은 걱정(?)인가 싶으면서도 몸이 뻣뻣하게 굳어져 갔다. 얼굴 근육까지 굳어져 있었던 것일까. 내 얼굴을 쳐다보던 남자분이 조심스럽게 말을 걸었다.

"아주머니 무서우세요?"

"예~~, 사람이 제일 무서워요."

"우리도 산에 혼자 다니는 여자 보면 무섭습니다."

"왜요?"

"꼬리 아홉 개 달린 여우 같아서요."

졸지에 여우가 되어 버렸지만 한바탕 웃음으로 긴장을 풀었다. 내가 누군가에게 무섭게 보이는 존재이기도 하구나. 꼬리가 아직 여덟 개밖에 되지 않으니 걱정하지 말라고 안심시켜줄 걸 그랬나 싶다. 그 뒤로 종종 나는 꼬리 여덟 개 달린 여우라고 생각을 하곤 한다.

아직 아홉 개를 채우지 못했으니 누군가를 해할 능력이 없어 죄를 짓지는 않을 것이고 여덟 개나 달려 있으니 세상이 겁날 건 없지 않은가. '얌전'이라는 내 이미지가 조금은 바뀔 테니까 그것도 흔쾌한 일이고 남몰래 내 안에 날카로운 손톱을 키우고 있다는 사실도 통쾌할 일이다.

그러니 세상일에 너무 주눅이 들지 않아도 좋을 일이다. 부당한 일을 당했을 땐 언제든 날카롭게 대응할 준비가 되어 있으니 걱정할 일 없을 테고 좀 부족하고 모자라더라도 부끄럽게 살지만 않으면 될 일이다. 보기엔 못나 보여도 떳떳하고 당당하게 살면 되는 일이다. 내가 여우여도 좋은 이유가 여기에 있다.

주춧돌

가끔 TV 속 여행을 즐긴다. 현지 여행을 즐기지 못하는 형편이지만 그런 식으로 세계 각국의 문화를 체험할 수 있어 좋다. 그런데 이상한 것은 내가 사는 곳보다 더 좋은 환경의 생활보다는 아직 미개척 지역의 생활이 더 흥미롭다.

아주 척박한 오지마을의 한 장면이 오랫동안 머릿속에서 맴돌고 있다. 산비탈 다랑논에서 재취한 벼를 그대로 천장이나 벽에 매달아 놓고 필요한 때에 가져다 바로바로 찧어서 밥을 해 먹고 있다. 뚜껑이 있는 그릇에 담아 놓는 것도 아니고 그저 빈 공간에 방치하듯 쌓아 두는 것이다.

저곳에는 쥐가 없을까? 저렇게 방치해 두어도 되는지 염려스러웠다. 내 심중을 꿰뚫어 보는 것처럼 그 궁금증을 풀어 주는 설명이 흘러나오면서 화면은 오두막의 맨 밑을 보여줬다. 주춧돌 대용으로 쓴 밑받침 모양이 독특했다. 마치 버섯처럼 생겼다. 만일에 쥐가 그곳을 올라가려면 이 밑받침을 통과해야 하는데 버섯처럼 퍼진 부분에서 더는 올라가지를 못한다는 것이었다. 그리고 사람이 오르내리는 사다리 같은 줄은 밑 부분이 땅에 닿지 않았다.

참으로 기발한 생각이다. 어쩌면 내로라하는 건축물보다 더 창의적이고 현실적인 방법이라는 생각이 들었다. 허기를 모면하기도 어려운 문맹 속에서 어찌 저런 생각들을 할 수 있는지, 삶의 지혜는 지식에 비례하지는 않는듯하다. 하지만 그저 한낱 나만의 작은 소견일 수도 있다. 나 역시 왜 그 부분이 이리 오랫동안 머릿속에 남아서 뱅뱅 도는 것일까 싶다. 어쩌면 흔히 말하는 주춧돌에 대한 강한 인식 때문인지도 모르겠다.

집 구조에서 주춧돌이 가장 중요한 역할을 한다는 것은 굳이 말하지 않아도 아는 사실이다. 기둥이나 대들보도 주춧돌이 잘 놓여야만 제대로 올릴 수 있고 온전하게 지어질 수 있다는 역할을 주로 생각해 왔는데 짐승들의 침입을 막는 방법으로도 사용된다는 사실이 의외였다. 보호 역할도 할 수 있는 것으로 보아 다른 용도와 의미로도 많이 쓰이는 것이 주춧돌인 듯싶다.

주춧돌이 상징적인 의미로 쓰이는 것 중 '초윤장산礎潤張傘'이 있다. '주춧돌이 젖으면 우산을 펴라.'고 했다던가. 습기를 잘 빨아들이는 돌의 성질 때문에 비 올 것을 미리 예고해 준다는 주춧돌, 그것을 보고 미리 우산을 준비하라는 사자성어이다. 사소한 일에도 쉽게 보아 넘기지 말고 유심히 살펴서 닥칠 고난을 대비하라는 것 아니겠는가. 살면서 생각지도 못한 일들 때문에 고통을 당한 일이 있다. 조금만 신경 썼더라면 면할 수 있었던 일을 놓고 후회한 적이 어디 한두 번이던가.

지금껏 살아오면서 아쉽게 느껴졌던 부분을 쭉 기록해 보았다. 별로 좋지도 못한 일들을 기억해서 무엇에 쓸 것이냐고 할지 모르겠지만 어쩌면 그런 실수가 있었기에 참 진실을 깨달을 수가 있지 않았을까 싶다. 그런 것들을 자식들에게 미리미리 일러두어도 좋으리라는 마음에서다. 기회 되는대로 하나씩 내 실수를 재미삼아 이야기하면서 은근슬쩍 귀띔해 준다. 며느리들이 시어머니를 너무 가볍게 보지 않을까 하는 염려도 있지만 직접적인 훈계보다는 좋지 않을까 싶다. 즉 내가 젖은 주춧돌이 되어 보는 것이다.

사실 자처해서 나 스스로 젖은 주춧돌이 되기가 그리 쉽지는 않다. 나도 거드름도 피우고 내 욕심 채우면서 잘난 체하고 싶기도 하다. 때론 아직 소녀 적의 감성에 빠져 철없이 조약돌처럼 쪼르르 굴러다니고 싶은 마음이 남아있다.

그런데 점점 식구가 늘어남에 따라 내가 자꾸 웃어른이라는 자리로 옮겨지고 있다. 두 아들이 가정을 이루고 보니 이제 한 가족이 아닌 세 가족의 중심에 서 있는 것이다. 공경의 대상이 된다는 것이 좋은 일인 것 같으면서도 책임은 더욱 무거워진다.

그래서일까. 주춧돌이란 단어가 자꾸만 머릿속에서 뱅글거린다. 천방지축 덤벙대는 조약돌이 아닌 묵직한 주춧돌 노릇을 해야 하는 처지가 된 것이다. 튼튼한 밑받침이 되어야 하고 외부로부터 불길한 것들을 막아내기도 해야 하며 앞일을 내다보는 젖은 주춧돌이 되기도 해야 한다. 세월이 자꾸 나를 묵직한 주춧돌로 살을 찌운다.

반쪽 인생

빗방울이 떨어진다. 나뭇가지들의 움직임을 보니 바람도 살짝 곁들었다. 하늘마저 회색빛이 점점 더 진하게 덧칠해져 가니 을씨년스럽다. 가을 마중을 나왔는데 웬일인가. 짓궂은 날씨를 원망하며 툴툴거렸다.

그렇다고 그냥 발길을 돌릴 수는 없었다. 우산을 들고 가을을 찾아 나섰다. 그러나 담장 너머 목백일홍꽃이 화사한 걸 보니 여름은 아직 자리를 뜰 생각이 없나 보다. 늦더위가 아직 문턱을 가로막고 있는 것을 생각 못하고 문밖을 서성댔구나 싶다. 내가 성급했을까.

무엇 때문에 이리 서둘러 오는 계절을 기다리는지 모를 일이다. 기다리지 않아도 찾아오는 것을 애달아 하는지 알 수가 없다. 아니, 살짝살짝 엿보이는 것으로는 양이 차지 않는가 보다. 먹먹한 가슴을 싹 밀어붙일 만한 그런 가을을 찾다가 허탈한 마음으로 뒤돌아섰다.

터벅터벅 걷는데 딱딱한 시멘트바닥 위에 떨어져 있는 낙엽 하나가 눈에 띄었다. 나뭇잎의 가운데 잎맥을 사이에 두고 양쪽의 색깔이 전혀 달랐다. 한쪽은 아직 짙푸른 녹색이고 한쪽은 아주 빨간 단풍이 들어 있었다. 그걸 보는 순간 가슴이 뭉클했다.

소중한 물건을 줍듯 낙엽을 주워 자세히 들여다보았다. 어떻게 이런 현상이 나타날까. 한 개체에서 이처럼 선명하게 두 가지 색깔로 구분이 되는 낙엽은 처음 보았다. 반쪽 사랑, 반쪽 인생이라는 단어가 스치면서 그 반쪽만을 가져야 했던 일들이 가슴 시리게 다가왔다.

줄줄이 동생을 둔 맏딸이 허약하기만 해서 변변치 못한 것이 못마땅하시던 어머니는 곧잘 꾸중을 하셨다. 그럴수록 주눅이 든 나는 뒷걸음치는 못난 아이였다. 어머니에 대한 서러움에 저물녘엔 툇마루에 앉아 눈물 훔치고 달밤엔 나무 밑에서 콧물 훔쳤다. 형제가 많으니 내게 온전한 사랑이 올 리가 없건만 난 늘 그렇게 반쪽 사랑 앞에서 갈증을 느끼며 자랐다.

성년이 되어 느끼는 감정 앞에서도 난 늘 도망쳤다. 모든 것이 건강과 결부되어 스스로 숨죽이며 살았다. 때론 자존심에 때론 못난 마음에 내게 오는 감정들을 밀쳐내기만 했다. 그리고는 뒤돌아서 홀로 마음을 앓는 반쪽 사랑이었다.

결혼을 해서도, 살 만큼 산 나이가 되어서도 뭔가 채워지지 않는 마음으로 살아가기 일쑤였다. 모든 일이 내 마음과 같이 되지 않을 때는 서둘러 마음을 비워 버리고는 멍한 마음으로 지내곤 했다. 꽉꽉 채워도 모자라는 세상에 비우기만 하니 어디 제대로 된 인생이라 말할 수 있겠는가. 결국 나는 반쪽 인생을 살고 있는지도 모른다.

그런 내게 요즘 반란의 징조가 보인다. 지난날 모자라게 살았던 부분에 대해서 반박을 도모하고 있는 것이다. 친정어머니와도 곧잘 맞서게 되고 잃어버린 감정들을 자꾸 뒤돌아보게 되고 가정일에도 점점 소원해지게 된다. 자꾸 이런저런 감정에 엉키면서 왠지 흐트러진 실타래를 쥐고 있는 기분이 든다.

곱고 단정하게 감긴 실타래를 간직할 나이에 엉킨 실타래를 풀어야 한다는 중압감이 자꾸 내 등을 떠민다. 가끔 탁 털어버리자고 집 밖을 나서보지만 결코 외면할 수 없는 현실이 발목을 잡는다. 괜스레 툴툴거리는 마음으로 나서는 날엔 번번이 날씨도 씨무룩하다.

주워든 낙엽 속에서 피카소의 그림들이 얼핏 거린다. 그의 그림들은 대부분이 양쪽 대칭을 이루는 모양으로 구성이 되어 있다. 그런 그림을 자세히 들여다보면 하나의 얼굴이나 몸에서 다른 여러 개의 얼굴과 모습들을 볼 수 있는 것들이다. 이중적인 그림을 통해 사물에 대한 이치를 이야기했다. 사물을 다양한 각도에서 바라볼 때마다 다른 느낌을 받을 수 있다는 사실로써 인간의 이중성을 표현한 것이다.

허위 뒤에 숨어있는 진실, 믿음 속에 도사리고 있는 배반, 슬픔 속에 섞인 환희, 행복 속에 숨겨진 불행의 씨앗 등등의 감정을 그림 속에 살짝 비켜 그려 넣었다. 그것이 삶의 근본이 아닐까 싶다. 서로 상반된 감정들을 잘 견제하여 상생해야 하는 이치. 그런 것들을 읽어 낼 수만 있다면, 그것들을 자신의 의지로 조절할 수 있다면, 결코 흐트러지지는 않으리라.

그런데 그런 이치를 찾아낸다는 것이 그리 쉬운 일은 아니다. 그것들을 찾아낼 만한 안목이 갖추어져야 할 것이다. 그러나 그런 안목이 어찌 그냥 생겨나겠는가. 아는 만큼 보이고 겪은 만큼 공감하는 것이니 그만한 대가를 치러야 할 터이다. 그것이 비록 피를 흘리는 상처일지라도.

여름과 가을이 공존한 낙엽에서 내 반쪽 사랑을 보고 반쪽 인생을 본다. 또한 피카소를 보고 그가 말하고자 하는 삶의 본질을 본다. 이제부터라도 그 속에 도사리고 있는 나의 이중적인 삶의 근본을 찾아내야 할까 보다. 그것에서 삶의 순리를 찾아내고 순순히 받아들이는 마음을 키워 간다면 자꾸 엉클어져 가는 나의 실타래가 조금씩 정리되지 않을까.

아무리 미물이라지만

자근자근 내리는 비에 해묵은 초가지붕에서 떨어지는 누런 빗물이 물방울을 튕기며 작은 도랑을 이루고 있었다. 한쪽은 밭 거름이 될 수 있는 재(나무가 타고 남은 가루)와 음식 쓰레기들이 쟁여진 헛간이고 한쪽은 허리를 구부려야만 들어갈 수 있는 뒷간(변소)이다.

습기에 젖어 눅눅하고 끈적끈적한 뒷간 문을 열고 들어가는 순간 벽이며 바닥에서 꿈틀거리는 허연 구더기들에 놀라 넘어지고 말았다. 깜짝 놀라 깨어 보니 꿈이다. 꿈속이었지만 분명 그 구더기들은 모두 나를 응시하고 있었다. 그 느낌이 왠지 으스스해서 한참을 어리둥절했다. 순간, 낮에 있었던 일들이 뇌리를 스쳤다.

발끝을 가만히 대기만 해도 스스로 나가는 차의 승차감이 참 좋았다. 소음이 거의 없을 뿐 아니라 이것저것 기능도 새로워서 운전하는 팔놀림이 매끄럽고 유쾌했다. 처음엔 아직 더 쓸 수 있는 차를 왜 바꾸려 하나 했지만 어느새 새 차에 애착을 느끼기 시작한 것이다. 도난 방지를 위한 장치며 편리해진 키의 기능이 흥겹고 손에 들고 있는 감촉도 좋았다. 일부러 달랑달랑 소리를 내며 들고 다니기도 했다.

친정아버지 기일이었다. 짙푸른 녹음과 맑은 공기가 어우러진 산길을 드라이브하며 가는 길이 예년과는 다르게 흥겨웠다. 이제 막 길들기 시작하는 새 차에 대한 상쾌한 기분이 아버지에 대한 애석함을 덮고 있었다. 애도의 마음은 햇빛 속에 잠깐 떨어지다 만 여우비처럼 가볍게 스치고 지나갈 뿐 내 입가엔 은근한 미소가 막 피기 시작하는 꽃잎처럼 벙긋거렸다. 이래서는 안 될 텐데 하면서도 시시각각으로 밀려드는 문명의 혜택을 선망하는 속물근성이 이성의 자리를 밀어내고 있었던 것이다.

절에서도 새로 바꾼 우리 차에 대한 화제가 으뜸이었다. 모두 제사를 지내야 한다는 착잡한 기분보다는 환한 얼굴로 인사를 주고받았다. 한마디씩 건네는 부러움과 축하에 의기양양해진 마음으로 돌아오려는데 차 키가 없어졌다. 이곳저곳 다 뒤져보고 내가 다녔던 곳을 되짚어 다니며 찾아보아도 보이지 않는다. 분명 손에 들고 다닌 것 같은데 도대체 어디에서 흘렸는지 알 수가 없었다.

마지막으로 절 뒤편에 있는 재래식 변소엘 가 보았다. 속이 깊어서 플래시를 켜고 보니 그곳에 떨어져 있는 것이 아닌가. 보이기는 하나 마땅히 끄집어낼 만한 기구가 없어 기다란 갈퀴를 이용해 보았지만 잘못하여 아예 속으로 들어가 버렸다. 괜히 건지지도 못할 걸 스님까지 나서서 난리만 치고 말았다.

왜 하필이면 변소냐며 행여 내가 볼세라 키득거리는 동생들의 웃음에 뒤통수가 후끈거렸다. 서비스를 받고 예비키를 이용해 돌아오긴 했지만 예비키를 사용하기 위해서는 차에 걸린 모든 기능을 해제시킬 수밖에 없었다. 키를 다시 만들려면 기능이 좋은 만큼 돈이 더 든다는 말에 남편의 얼굴이 떠오르고 미안했다. 가계에 도움은 못 될망정 돈을 버려도 왜 하필 그런 곳에 버리는 걸까 싶어 나 자신이 한심스럽기도 했다.

아무리 미물이라지만 그 속에 있었던 구더기들에겐 우리가 무례한 침입자였으리라. 그들에겐 그곳이 평화로운 터전인 것을 그리 무자비하게 휘젓고 난리를 쳤으니 얼마나 큰 횡포인가. 그것도 모자라서 왜 하필 그런 곳이냐는 등 그곳을 대면하는 자체만으로도 무슨 큰 허물이나 되는 것처럼 생각했던 것이다.

예전엔 그런 뒷간만이 우리가 이용할 수 있는 최선의 장소였다. 먹으면 내놓아야 하는 생리현상에서 없어서는 안 될 곳이었고 그 미물들이 있어 분해되고 삭아서 귀중한 거름이 되지 않았던가. 그런데 호화판 주택에서 수세식 화장실을 이용하는 지금에 와서는 그런 장소가 야만적이고 비위생적이라는 이유로 얼굴 찡그리며 대하는 곳으로 낙인된 것이다.

그들의 세계에 느닷없이 들이닥친 문명의 물건 하나. 그러나 그 속의 삶이 다인 그들에게는 다른 세상에서 아무리 귀한 것이라 한들 아무 의미가 없다. 그것 때문에 이유 없이 평화가 깨지고 희생되고 거부당해야 하는 그들로서는 우리에게 거친 항의라도 하고 싶었을 것이다. 그것이 바로 나를 쏘아보는 눈길이었지 싶다.

한때는 요긴하게 이용하던 곳을 '왜 하필 그런 곳'이라는 생각으로 웃던 동생들의 야릇한 웃음과 그 웃음에 후끈거리던 내 뒤통수, 돈을 버려도 '왜 그런 곳이냐'고 억울해했던 마음. 이렇듯 모든 것을 현재의 위치에서 자신에게 편리하고 이로운 것만 생각하고 지나간 것에 대한 소중함과 고마움을 배척해 버리는 문명인들의 이기와 오만이 저 미물들의 눈에까지 가시를 돋치게 한 것이리라.

비록 꿈속이었지만 그들의 눈빛이 문명의 물질에 빠져 잠시 방방 거렸던 내 경망스러움에 경종을 울려 준 것이다. 날로 발전하는 과학의 혜택 속에서 받으면 받을수록 끝을 모르고 더 발돋움하며 치닫는 욕심들. 앞만 보고 달리면서 자신도 모르게 황폐해져 가는 인간이 되어 가고 있다. 결국은 무분별한 자연의 파괴로 지구를 온난화 현상으로 몰아가고 인간복제라는 비인간적인 발전으로까지 치닫는 현대문명에 비애를 느끼면서도 나 또한 어쩔 수 없이 그 문명 속에 묻혀 사는 인간임을 느낀다.

다리미에 얽힌 삽화

박물관 한 코너에 보관된 다리미 하나가 눈길을 끈다. 숯불이 담기는 둥근 철판은 부식되어 부석거리고 기다란 손잡이 막대는 흠집이 많다. 왠지 모를 반가움과 정겨움이 가슴을 적시며 안갯속 사물처럼 희미한 기억들이 스친다.

큰딸이기에 어머니를 도와야 할 일들이 많았다. 일찍부터 동생들 돌보기는 물론이고 밥 짓고 청소하고 빨래하는 일들을 했다. 그중에 어려운 일이 빨래 다리는 것을 도와 드리는 일이었지 싶다.

어머니는 다리미를 들고 나는 맞은편에서 빨래를 잡았다. 물기 촉촉한 빨래가 뜨거운 다리미에 닿으면 피식거리는 소리를 내며 보일락 말락 하는 김을 품어 냈다. 쥐어짜서 널었던 흔적이 있던

옷들은 곱게 펴지면서 매끄러운 모습으로 바뀌어 갔고 그럴 때면 다리미가 마술을 부리는 것 같다는 생각에 재미가 있었다.

다리미는 비스듬한 언덕을 슬슬 오르다가 미끄럼을 타듯 죽 내려가기도 하고 걸림돌에 걸린 듯 주춤거리기도 했다. 두꺼운 빨래 위에선 힘겹게 안간힘을 쓰며 비비적대고 가벼운 빨래 위에선 이런 것쯤 아무것도 아니라는 듯 날렵했다. 어린 동생들의 옷 위에선 포근히 감싸 안듯 사랑스럽게 움직이고 아버지 옷 위에선 어려운 발걸음처럼 조심스럽게 움직였다.

빨래 잡는 사람은 힘껏 팽팽하게 잡아당겨야 하는가 하면 조금 느슨하게 잡으면서 다른 곳으로 손을 옮겨야 하기도 한다. 먼저 다려야 할 곳과 나중에 다려야 할 곳을 알아서 순서를 지켜야 하고 가로로 넓게 펴거나 세로로 길게 잡아 늘이기도 한다. 때를 놓치고 어긋나면 다림질이 순조롭지 못하고 터덕거리게 되는 일이라서 재빨리 눈치껏 해야 했다. 조마조마하면서도 스릴을 느끼는 일이었다.

그러나 벌겋게 이글거리는 숯불이 내 눈앞까지 쑥 밀고 들어올 때는 그 열기가 뜨거워서 무섭기도 했다. 어머니는 그 다리미의 손잡이를 잡고 계셨고 정작 옷을 다림질하는 둥근 철판은 대부분이 내 곁에서 들랑날랑했기 때문이다. 벌건 숯불이 예측할 수 없는 방향으로 불쑥 들어오기 때문에 얼굴을 어느 쪽으로 돌려야 할지를 결정해야 할 땐 꼭 축구 골대 앞에 서 있는 키퍼 같은 마음이 되었다.

다리기 어려운 옷일 때는 내 얼굴 앞에서 다리미가 머무는 시간이 더 길었다. 그럴 때마다 뜨거움 반 무서움 반으로 등에서는 진땀이 났다. 그러다 내가 손을 놓치기라도 하면 다리미는 균형을 잃고 숯덩이가 튕겨 나와 옷을 버렸다. 소중한 옷을 태우기도 하고 검은 불티가 내려앉아 지저분해져 버리기도 했다. 그 옷이 하얀 옷일 경우엔 말해 무엇하랴. 어머니의 꾸중까지 듣고 나면 빨래 잡는 일이 더욱 어려워지고 마음이 잔뜩 움츠려들곤 했다.

그래도 일을 마치고 나면 마음이 흐뭇했다. 깨끗하고 곱게 단장된 모습을 보면서 어려운 일을 해냈다는 자부심이 나 자신을 추켜세워 주곤 했다. 그래서일까. 다림질감이 빨랫줄에 널려 있는 날엔 그 밑에 앉아 숫자를 세어 보며 내가 감당해야 할 시간과 보람의 두께를 겨냥하곤 했다.

유리창 안 다리미 속에 펼쳐져 있는 내 어린 시절 삽화를 보면서 유리창 밖에 서 있는 닮은꼴 삽화를 발견한다. 때론 다리미 역으로, 때론 빨래 잡는 역으로, 때론 다림질감으로 살아오면서 숱한 일화를 만들어 왔다. 살면서 어렵지 않게 일궈낸 멋진 꿈이 있는가 하면 힘들어 끙끙대면서 겨우겨우 위기를 넘긴 때도 있었다. 바싹 마른 다림질감 위에 물을 풍겨 주듯 누군가의 도움을 받기도 했고 스스로 습기를 찾아 이슬을 받아내야 하는 고충을 겪기도 했다. 예상치 않았던 일에 놀라 허둥지둥 난잡을 떨기도 했고 불똥 떨어져 망쳐버린 옷 꼴이 되기도 했다. 그렇게 나를 향해 달려드는 운명의 불꽃들을 요령껏 피해 가는 법을 터득하면서 점점 살이 쩌가는 내 삶의 두께를 지그시 올려다보는 나이가 되었다.

서산마루에 걸린 해가 붉다. 그 붉은 기운을 쓸어 담은 다리미로 내 남은 생을 곱게 다림질하고 싶다. 그동안 잘못되어 구겨진 채로 놓아둔 것들도 다시 꺼내 정성 들여 다리고 싶고 행여 얼룩이라도 남아 있다면 오래오래 문질러서 그 흔적을 소멸시키고 싶다. 아직 거친 모습으로 남아있는 것은 가만가만 눌러서 잠재우고 어딘가 숨겨져 있었던 결 고운 것 하나쯤 발견되면 그 부드러운 감촉을 만끽해 보고도 싶다. 그러다 다리미의 열기가 다할 때쯤엔 더는 다림질할 것 없는 곱고 정갈한 마음이면 좋겠다.

거미줄에 걸린 바람

풀잎과 풀잎 사이에 거미집이 생겼다. 거미줄을 친 지 얼마 되지 않아서인지 마치 풀잎에 일부러 장식해 놓은 것처럼 깨끗하고 아름답다. 미세한 물방울들이 촘촘히 매달려 은색을 품어내고 살랑바람이 불 때마다 햇살에 반사되며 살짝살짝 무지갯빛을 발한다.

거미줄의 움직임을 보고 있으면 바람의 동향을 알 수 있다. 바람이 불면 이리저리 움직이는 방향이 달라지며 출렁거린다. 저렇게 가늘디가는 거미줄이 무슨 방해가 된다고 바람의 흐름이 흩어지는가. 바람은 어느 곳에서도 거칠 것 없이 유유히 스치고 지나갈 것 같건만 꼭 그렇지만은 않은가 보다.

넓은 들판에서 무용하듯 부드럽게 스치는 바람일 때도 있고 빽빽한 숲 속을 비칠거리며 용케 빠져나가는 바람일 때가 있다. 더러는 태풍처럼 장애물들을 깡그리 망가뜨리는 바람도 있다. 그러나 저 하잘 것 없는 거미줄에 걸리는 바람도 있다. 햇볕만 강해도 녹아 없어져 버릴 것 같은 연약함 앞에서 발을 멈추고 마는 것이다. 거미줄의 끈적거림에 바람이 걸린 모양이다. 조금만 조심하였으면 잘 피해 갔을 텐데 가벼이 보았다가 발목이 잡힌 꼴이라니. 우리네 삶 속에서도 결코 비켜 갈 수 없는 현상이다.

사람들은 커다란 문제를 놓고 고심할 때는 서로 경계하고 조심한다. 그러나 작은 일에는 그저 대수롭지 않게 생각하기 일쑤다. 그래서 때로는 그 작은 것에서 생긴 일 때문에 생각지도 않았던 상처를 입을 수 있다. 가벼운 일이기에 그냥 넘어갈 수 있다고 생각되는 일이 자신도 모르게 깊이 침체되어 가기 때문이다.

그러기에 가까운 사람일수록, 사소한 일일수록 서로 배려하는 마음으로 대해야 하지만 그게 쉬운 일이 아니라는 점이 문제다. 자신의 행동에 대해 책임을 지지 않아도 될 정도라는 점에서 안심하고 있지만 그 점이 작은 골로 시작되어 점점 깊어 간다는 사실을 모르고 있는 것이다. 상대가 설령 그 점에 대해 서운한 감정이 있어도 그리 크지 않다는 것 때문에 문제 삼을 수 없는 이유 때문이기도 하다.

흔히 부부싸움을 칼로 물 베기라고 한다. 그런데 물 베기 할 수 없는 것이 있다. 바로 거미줄에 걸린 바람 같은 일이다. 아무렇지 않은 듯하지만 끈끈이에 붙어 있어 쉽게 떨어지지 않는 작은 감정들. 흔적 없이 떼어내고 싶어도 자칫하면 아름답게 보이는 모습을 손상시키게 될까 봐 함부로 손을 댈 수가 없는 것이다. 차라리 큰 문제라면 그래야 할 이유라도 댈 수가 있겠지만 어설피 해결하려다가 오히려 상처를 남기게 되는 경우가 있기 때문이다.

자신과의 싸움에서도 마찬가지다. 남이 알고 있는 큰 단점들은 어떤 계기가 생기면 고쳐질 수도 있지만 사소한 버릇이나 습관들이 거미줄의 끈끈이 같은 액체를 만들어 가는 것이다. 그 끈끈함에 누구도 눈치챌 수 없고 자신조차도 감지할 수 없는 미미한 감정들이 들러붙어 눈을 흐리게 하고 귀를 막게 하건만 쉽게 눈치채지 못하니 치유할 수도 없는 노릇이다.

서서히 스며드는 물이 둑을 무너뜨리듯 눈에 뜨이지 않아 가벼이 보고 우습게 보았던 일이 거대한 힘으로 탈바꿈하여 강타할 수가 있다. 그러니 어찌 저 여린 거미줄을 가벼이 볼 것이며 거미줄에 걸린 바람을 비웃을 것인가. 내 안에 끈끈한 거미줄 걸려 있을 수도 있고 나 또한 다른 이의 거미줄에 걸려든 바람일 수 있는 것을.

꽃을 꽂으며

꽃집 문을 밀치고 들어서면 늘비한 꽃의 색상만큼이나 각기 다른 향기가 코끝을 자극한다. 살며시 눈을 감고 이 향부터 음미한다. 그런 다음 한 바퀴 돌아보면서 어떤 꽃을 어떤 소재와 꽂을까를 구상한다.

잘 맞추어진 꽃들을 안고 가는 길은 구불구불한 고갯길이다. 그 고갯길 너머에 있는 절에 다닌 지가 어언 20여 년이다. 그 세월 동안 나는 다른 행사에는 거의 참여하지 않고 오로지 꽃꽂이만을 해 왔다.

조용한 산사 법당에서 목탁소리와 풍경소리가 내 꽃가위 소리와 어우러지는 날엔 그 무엇과도 바꾸고 싶지 않은 나만의 세상이 된다. 자르고 다듬어서 꽃과 꽃이 선을 이루고 색이 아우러지면 그 시간만큼은 아무것도 생각나지 않는 무아지경에 빠진다. 세상 모든 것과 단절된 채 나 자신만을 위해 사는 듯한 마음이다. 다른 곳에서는 맛볼 수 없는 감정을 느낄 수 있는 이런 시간과 공간을 가질 수 있기에 내 삶은 윤기가 흐르는지도 모른다.

내가 이 절에서 꽃꽂이를 하게 된 것은 내 건강을 걱정하던 친구의 배려 때문이었다. 아무런 이유도 조건도 말하지 않고 가끔 나를 절에 데려가곤 했다. 갈 때마다 고적한 풍경에 마음이 끌려 툭하면 파닥이던 가슴이 진정되곤 했다. 조용한 분위기를 즐기다가 경내의 경건함이 조금 부담스러워질 무렵에 절 뒷마당을 돌아 산으로 올라가서 아래를 내려다보면 절 지붕 끝자락과 맞닿은 하늘이 참으로 맑고 고왔다.

그 산자락엔 꽃꽂이할 소재들이 많았다. 꽃이나 나뭇가지를 꺾어다 내 방에 꽂고 산사의 분위기를 이어 보고자 했다. 작은 풀꽃에서 절 내음을 맡고 파릇한 잎사귀의 움직임에서 풍경소리를 들으며 자꾸 까무러쳐 가는 심신을 곧추세우곤 했다. 그런데 어느 때부터 그런 내 행동이 왠지 죄스러웠다. 버리고 와야 할 곳에서 오히려 채워 오려고 한다는 생각이 나를 욕되게 하는 것 같았다.

후론 거꾸로 꽃을 사서 들고 갔다. 정성 들여 꽂고 나면 내 마음도 그 꽃을 보는 사람도 함께 즐거웠다. 눈으로 보는 즐거움이 공양의 의미를 돋보이게 했다. 공양 중에 꽃 공양이 제일이라는 이유로 사람들은 나에게 꽃 꽂기를 부추겼다. 법당에서 시작한 꽃꽂이는 나한전, 관음전, 극락전, 지장전으로 범위를 넓혀 갔고 꽃꽂이를 위한 성금이 점점 많아져 갔다. 그럴 때마다 신이 났다.

큰 행사 때에는 몇 날을 꽃과 씨름하며 파김치가 되도록 몰두했다. 그리고는 며칠씩 앓기도 했다. 그래도 마음만은 보람으로 충만했다. 그동안 배웠던 꽃꽂이가 이렇게 쓰이게 될 줄 몰랐다. 아니, 절에서 이런 일을 하기 위해 배우게 되었던 것일까 싶기도 했다.

나뭇가지를 들여다보면 살려야 할 선과 잘라야 할 선이 보인다. 어느 방향으로 어느 만큼을 살리고 자르느냐에 따라 작품의 윤곽이 다르다. 그 사이를 채워가며 꽂는 꽃 역시 아무렇게 꽂을 순 없다. 좋은 것만을 골라 쓸 수도 없을뿐더러 아깝다고 남는 것을 다 꽂을 수는 없다. 큰 꽃꽂이를 하든 작은 꽃꽂이를 하든 거기에 들어가야 하는 수량과 모양이 균형을 이루어야 한다. 꽃꽂이를 하는 데 있어 가장 중요한 작업이다.

구상하는 대로 자르다 보면 어느 것은 너무 아까운 것이 있다. 물론 꽃꽂이를 하기 위한 절화용이어서 마음껏 자르는 것에 제한을 받지 않는다지만 그래도 물을 빨아 올려가며 생을 이어가는 생명 아니던가. 그러기에 잘려나가야 하는 것이 있을 땐 가위질이 망설여진다. 그러나 잘라 버려야 할 것은 과감히 잘라야만 작품이 나온다.

하나의 작품을 만들기 위해 잘라내야 할 것들로 진통을 앓듯, 내 삶이 이어지기 위해 버려야 할 것들을 놓고 마음을 앓을 때가 참 많았다. 꺾어지고 시들고 찢어져서 버려야 할 것들은 그래도 괜찮았다. 그러나 어떤 선을 살려야 하는 이유로 정말 멀쩡한 가지를 쳐 내야 했을 때처럼 나 자신 때문이 아니라 타인을 위해 버리고 살아야 하는 것들도 많았다. 누구를 위한 삶인지 회의를 느끼던 일이 어디 한두 번이었던가. 그런 일들이 내 삶의 곳곳에 딱딱한 옹이를 만들어 갔고 그 옹이들은 내 마음 깊숙이 어둠을 깔고 숨어 있다가 가끔 튀어나와 벌겋게 성을 내곤 했다.

작품으로 탈바꿈한 꽃과 탐貪 · 진瞋 · 치癡를 버리라는 목탁소리 속에서 지내다 오는 날엔 벌겋던 상처 색깔이 달라져 갔다. 잘려나갔기에 작품으로 승화될 수 있었던 사실과 잘린 것에 대한 애착을 버려야 한다는 이치가 손끝에서 이루어져 가면서 소중한 물건인 것처럼 보듬고 있던 응어리들이 서서히 그 자취를 감추어 갔다.

마음을 다스릴 수 있었던 일이 있었기에 몸은 더불어 생기를 얻었고 그 세월이 20여 년 되는 동안 새롭게 거듭날 수 있었다. 내 생애 중 가장 활발하게 활동할 시기에 묶여 있어야만 했던 날들, 어쩌면 세상을 달리했을지도 모르는 그 시간을 잘 이어 나갔다. 난 그 세월을 덤으로 살았다고 생각하며 산다. 그러기에 좀 넘치는 일에는 곱으로 고마움을 느끼고 조금 모자라는 일에는 이것도 덤으로 산 덕분이지 싶다.

산사의 풍경소리와 목탁소리와 꽃꽂이. 화사한 봄날 마당에 내려앉는 햇살과 한여름 쏟아지는 소나기 소리, 나뭇잎 뒹구는 소슬한 가을 저녁나절의 고즈넉함과 뒷산 소나무가 꺾어지는 겨울 풍경들을 보고 들으며 꽃을 꽂는다. 그럴 때마다 나는 한 폭의 그림 속에 들어 앉아 갖가지 꽃물에 흥건히 젖는다.

항아리

항아리 속에 하늘이 담겼다. 아주 청명한 하늘이다. 항아리 가득 담아 놓은 물이 맑은 거울 같아서 하늘 구름도 흘러가고 지나가는 바람도 덤벙 빠져 물결을 만들고 달빛 별빛도 살짝 굽어보고 간다.

모습이 아담하고 예스러워서 장독 그릇 중 제일 아끼는 항아리다. 그 항아리가 내 것이 되었을 때 얼마나 흐뭇했던가. 철이 없었던 것인지 당돌했던 것인지 새색시가 항아리에 욕심을 내고 떼를 쓰던 일을 생각하면 지금도 슬며시 웃음이 나온다.

결혼하고 처음 시집에 들어가 살 때의 일이다. 부엌 한구석에 처박혀 있는 항아리 하나가 왠지 마음을 끌었다. 항아리의 빛깔도

예쁘고 크기도 적당해서 내가 쓰기에 좋을 것 같아서였지만 더 큰 이유는 그 항아리엔 어떤 음식이 들어가도 정말 좋은 맛을 돋게 할 것 같은 느낌이 들어서였다.

시집에서 분가하던 날, 시어머님과 큰동서가 이것저것 챙겨 주던 중 장독의 그릇을 정해주는데 나는 계속 도리질을 하며 그 항아리만을 고집했다. 그런데 그것은 여러 가지 씨앗을 담아두는 것이라서 안 된다는 것이다. 그런데도 난 막무가내로 고집을 부리며 다른 장독은 없어도 되니까 그것 하나만 달라고 졸랐다. 결국 시어머님은 그 항아리를 내어 주셨고 큰동서는 그런 나를 보고 참 별나다고 한마디 했던 기억이 있다.

시집이 그리 넉넉한 편이 아니어서 분가하는데 별다른 도움은 없었지만 그 항아리 하나 얻어낸 것만으로 아주 풍요로웠다. 잘 닦아 놓은 항아리는 정말 순박하고 믿음직한 도령 같았다. 그 뒤로 30여 년을 넘게 우리 집 음식 맛을 맛깔스럽게 만드는 데 큰 공을 세웠다.

한 해의 음식 장만은 장 담그기부터 시작된다. 해마다 구정을 쇠고 첫 말(午) 날이 되면 어김없이 장을 담근다. 잘 뜬 메주를 깨끗이 씻어 항아리에 담고 소금물을 부어 놓으면 금세 노르스름한 빛깔이 우러난다. 도톰한 항아리 입구와 그 빛깔은 어쩌면 그리 잘 어울리는지 수시로 들여다보고 있노라면 입안에선 어느새 구수한 장맛이 감돈다. 장이 충분히 울어나고 위에 하얀 박꽃이 피어 항아리를 다 덮을 때면 그 맛이 최고조에 오른 때다. 이때 때맞춰 걸러내면 그야말로 감칠맛 나는 장과 된장이 탄생된다.

그런 다음 항아리는 맑은 물에 잠겨 말끔히 씻긴 후 다음 일을 기다리고 있다. 그러다가 6월부터 9월까진 복분자나 매실을 숙성시키느라 진통을 앓는다. 그 뜨거운 여름에 입구가 꽁꽁 묶여 숨도 제대로 쉬지 못하고 알(?)을 품고 있다. 언제쯤 제대로 된 술을 만들어 낼 것인지 가끔 들여다보느라 잠깐씩 숨통을 트여 주는 일 말고는 틈새도 없이 꽉 틀어막아 놓고 있으니 그 얼마나 고통스러우랴. 그래도 뭇 사람들의 입맛을 끌어당기는 힘을 발휘하는 작품을 만들어 내는 것 보면 참으로 대견하다.

항아리는 다시 맑은 물로 또 다른 탄생을 위한 목욕재계를 한다. 이전에 어떤 것이 담겨 있어도 그것들의 존재를 전혀 의식하지 않을 거라는 의식을 치르는 것이다. 그러고 나면 가을엔 빨간 오미자를 품고 앉아 단풍만큼이나 고운 빛깔을 우려낸다. 그 맑고 고운 빛은 꼭 손녀들의 앙증맞은 표정만큼이나 사랑스럽다. 그래서 오미자 액은 주로 손주들의 몫이다. 겨울이면 늘 감기를 달고 있다니까 그 애들을 위해 담그는 것이다. 항아리에서 생기는 맛을 즐기는 것도 대를 이어간다.

찬 서리가 내리고 김장철이 되면 항아리엔 동치미가 자리한다. 야무지고 통통한 무를 차곡차곡 넣고 마늘, 생강, 청각으로 양념한

뒤 배를 함께 띄워 놓으면 항아리는 또 다른 맛을 생성해 내기 위해 온 정성을 다한다. 추운 겨울을 지내는 동안 싸늘한 날씨만큼이나 시원하고 톡 쏘는 동치미의 맛을 우려내는 것이다. 이렇듯 매번 다른 것이 들어오고 그럴 때마다 이전의 것과는 전혀 다른 맛을 만들어 낸다. 한 치의 소홀함이 없이 그때마다 독특한 특성을 만들어 내는 것이다.

그러기를 30여 년, 그 긴 세월 동안 수없이 많은 것을 품었다 내놓는 과정을 거치면서 한 번도 실패를 해 본 적 없이 맛깔스러운 맛을 탄생시켰다. 그 덕분에 밥상에 내놓는 음식이 그리 형편없지는 않았다. 항아리에서 나오는 것은 모든 반찬의 기본이 되는 음식이다. 기본이 맛깔스러우니 그것을 이용한 음식이 좋은 맛을 내는 것은 당연하지 않은가. 그래서 사람들이 손맛이라는 말을 할 때면 난 서슴없이 항아리 맛이라며 항아리를 자랑하곤 했다.

그 항아리를 선택한 내 안목이 탁월했다고 자랑하고 싶다. 어떤 것이든 그곳에 들어가기만 하면 항상 최고의 맛을 우려내었다. 때론 진하고 강하게, 때론 은은하고 삼삼하게 각각의 음식 특성을 잘 살려 내었다. 하나를 품고 있을 땐 오로지 그것만을 위해 태어난 항아리처럼 온갖 정성을 다해 숙성을 시킨다.

품었던 것을 멋지게 완성시켜 내어 놓고 나면 맑은 물로 잠시 휴식을 취한다. 휴식 기간엔 홀로 하늘 여행을 한다. 기껏해야 주둥이 넓이만큼의 작은 하늘이지만 그 속에서 유유자적하며 예전 것은 말끔히 지우는 것이다. 그것은 또 다른 것을 품기 위해 조용히 기다리는 작업이기도 하다. 언제든 처해진 환경에 최선을 다하는 항아리, 내 안엔 그런 항아리 하나 빚으려다 버려진 옹기들이 수북하다.

동치미

톡! 쏘는 맛이 그만이다. 새콤한 동치미 국물이 혀끝에 닿는 순간 온몸은 한순간에 짜릿하고 시원한 맛에 전율한다. 밥을 먹기 전 먼저 건조한 입안을 촉촉이 적셔 혀를 부드럽게 놀릴 수 있도록 해주고 뱃속으로 내려가 음식이 들어올 자리에 좌르르 하게 물기를 얹어 준다. 새콤한 맛이 먼저 자리를 하고 있으면 소화가 아주 잘 될 것 같은 느낌이다.

문고리에 손이 쩍쩍 붙는 한겨울, 땅속에 묻어둔 독에서 얼음 동동 띄워진 채 떠온 동치미는 우리네 밥상에 없어서는 안 될 음식이었다. 밥상 한가운데에서 여러 사람의 숟가락 공세를 받곤 했다. 밥상 앞에 앉으면 맨 처음 숟가락이 가기 시작해서 밥그릇을

다 비우고도 여전히 들락날락하며 바닥을 본다. 자기 몫의 그릇에 각각 담긴 음식보다는 그렇게 둘러앉아 함께 떠먹는 음식이 서로의 정을 더 돈독하게 만들었다.

어디 그뿐이던가. 긴긴 밤 이야기꽃을 피우는 날에 출출한 배를 채우기 위해 삶아 놓은 고구마와 함께 먹는 맛 역시 감칠맛 난다. 무에 달린 긴 이파리를 자르지 않고 손으로 덥석 든 채 우적우적 씹어 먹는 소리는 찬바람에 펄럭거리는 문풍지 소리와 참 잘 어울렸다. 그런 날은 처마가 낮은 초가지붕 밑으로 휘돌아와 마루 끝에 살짝 내려앉은 눈들이 창호지에 비치는 호롱불 빛을 받으며 집안을 포근하게 감쌌다.

동치미는 단지 음식으로서만 먹기보다는 응급처치용으로도 사용되었다. 체하거나 연탄가스에 중독되면 동치미 국물을 먹게 했다. 어떤 이유인지는 잘 모르지만 확실히 효과가 좀 있었던 건 사실이다. 어질어질하며 속이 울렁거릴 때는 그 국물만으로도 충분히 속을 가라앉히곤 했다.

뱅글거리는 세상 속에서 무엇인가가 목구멍으로 넘어가는 것을 느끼는 순간, 그것을 받아들이는 또 다른 것이 울컥 치받쳐 올라왔다. 더 빠른 속도로 뱅글거리며 곤두박질치듯이 널브러지며 오물들을 쏟아내면 조금씩 정신이 맑아져 갔다. 하나의 길을 통해 들고 나는 것의 느낌이 달랐다. 내려갈 때는 달콤새콤한 맛이 그리 싫지 않게 목덜미를 훑어 내려갔지만 올라올 때는 역겨운 맛이

고역스러웠다. 그러나 이상한 건 그 역겨운 맛을 토해 내고 나면 한결 개운한 것이다. 새콤한 맛이 체내에 자리한 독소와 거친 싸움 끝에 그것들을 끌어내는 것이리라. 이미 자신의 존재는 독소와 함께 고약한 물질로 변하면서도 찌꺼기를 품은 채 빠져나오는 것이 제 할 일인 듯 담담하다.

오물을 쏟아 내는 것은 생리학적 개념으로 배설에 해당한다. 배설은 우리 신체에서 없어서는 안 될 생리작용이기에 가장 중요하고도 필요한 정화 작업이다. 그것이 어찌 신체에만 국한되어 있는 일이던가. 정신적인 정화작업 또한 신체 못지않게 중요한 일이 아닐 수 없다. 연민과 두려움에서 헤어나는 일에서부터 미움과 증오의 갈등에서 벗어나고 싶은 것이 인지상정이다. 살아가면서 그런 것들을 쏟아내고 풀어 줄 수 있는 그 무엇이 간절히 필요한 것이 우리의 삶이다.

모든 일이 시원스럽게 잘 이루어진다면 얼마나 좋을까마는 매사 하는 일이 텁텁하고 씁쓸할 때가 허다하다. 더러는 피해 갈 수도 있지만 대부분 감당해야만 하는 일들이다. 그럴 때마다 내 몸에 내려앉는 묵직한 체증이 가슴을 짓누르곤 했다. 그럴 때 누군가가 다가와 손을 내밀 때는 얼마나 마음 후련하던가. 내 생애 그런 사람이 곁에 있다는 것만으로도 삶이 충만했다.

누군가 도움이 필요하고 그를 도와주어야 할 일들 앞에서 난 얼마큼 나 자신을 내어 줄 수 있을지 뒤돌아봐진다. 나도 동치미 국물같이 톡 쏘고 싶기는 하다. 큭! 하니 트림 한번 나오도록 등을 토닥거려 줄 수 있고 울렁거리고 출렁이는 마음을 잠재워 줄 수 있는 존재이고 싶다. 제일 먼저 내게 손 내밀고 싶어지도록 끌어당기는 맛이고 싶고 더는 숨길 것 없이 바닥이 다 들여다보이도록 퍼질러진 모습으로 상대의 마음을 편안케 해 줄 수 있는 모습이고도 싶다. 그래서 내 곁에 있는 모두가 함께 숨을 고르게 쉴 수 있게 된다면 더없이 살맛이 나는 인생 아니겠는가. 그런데 살아갈수록 그런 마음의 여유를 갖는다는 것이 참 어렵다는 것을 느낀다.

해마다 보기 좋은 무를 고르고 잘 다듬어 간을 맞추면서부터 그런 염원을 담아 보지만 그 동치미가 바닥이 날 때까지 그저 흉내만 내다가 만다. 난 언제쯤이나 제대로 된 동치미 국물이 되어 볼 것인가.

06

정읍사의 발원지를 찾아서

≪전북수필≫ 75호 특집

부안이 낳은 기녀 매창

≪전북수필≫ 69호 특집

정읍사의 발원지를 찾아서

– '채수의례'와 '여인제례' 현장에서 –

달하 노피곰 도드샤

누군가 건드리기만 하면 울음이 터져 저고리 앞섶을 흥건히 적실 것 같다. 표정이 그리 밝지 못한 모습에서 느껴지는 감정이 내게로 전해 온 것일까. 정읍사 공원에 서 있는 망부석 동상 앞에서 발이 멈춰진 채 가슴이 먹먹해 온다.

양손을 가슴에 모으고 간절한 기도를 올리는 여인의 마음이 마냥 졸아드나 보다. 정인을 그리워하며 여위어가는 여인의 모습처럼 아름다운 것이 또 있을까. 누군가를 그렇듯 애절하게 그리워하고 기다림에 지쳐 쓰러지는 아픔을 겪어 보지 않은 사람은 이해하지 못할 정경이다. 그러다 한 줌 흙으로 사라져도 좋으리라. 한 세상 살아가면서 그런 사랑을 품어 볼 수 있다면…….

정읍사

달하 노피곰 도드샤
어긔야 머리곰 비취오시라
어귀야 어강됴리
아으 다롱디리

全져재 너러신고요
어귀야 즌데를 드뎌올셰라
어귀야 아강됴리

어느이다 노코시라
어귀야 내 가논데 졈그롤셰라
어귀야 어강드리
아느 다롱드리

〈정읍사〉는 백제 가요의 대표작이다. ≪고려사≫ 〈악지〉에는 5편(무등산, 지리산, 선운산, 방등산, 정읍사)의 백제가요 내용이 전하는데 그중 유일하게 이 노래만 ≪악학궤범≫에 그 가사가 실렸다. 작자 · 연대 미상의 가요로 백제 시대부터 구전해온 민간전

승의 가요이다. 한글로 기록된 가장 오래된 고대가요로 현재 남아 있는 유일한 작품으로 알려져 있다.

시의 형식은 11행이지만 후렴을 뺀 기본 시행만으로 보면 3연 6구로 되어 있어 시조와 그 형식이 비슷하다. 그래서 〈정읍사〉가 시조 형식의 근원이라는 설도 있다.

> 달아 높이 돋으셔/ 머리곰 비취오시라
> 온 저자를 다니시는가/ 진데를 디딜세라
> 어디에 놓고 계시라/ 내 가는데 저물세라

1연은 달이 높이 떠서 멀리 비추어 남편의 귀갓길을 안전하게 보호해 달라는 소원으로 임에 대한 그리움과 걱정스러움이 간절하게 배어 있는 부분이다. 어디서 무엇을 하는지, 왜 오래도록 소식도 없이 돌아오지 않는지 몰라 애타는 안타까움과 남편의 안녕을 비는 소박한 여인의 마음을 나타내고 있다.

2연은 남편이 온 시장을 두루 돌아다니며 행상을 하다 행여나 궂은 곳을 디딜까 염려하는 마음이다. 여인은 남편의 귀환을 기원하면서 온갖 상상에 휩싸인다. 몸을 다친 것은 아닌지, 길을 잃어버린 것은 아닌지, 주색에 빠진 것은 아닌지 하는 안타까움이 나타난 부분이다. 그 안타까움의 가장 적나라한 표현이 바로 '즌대를 디디욜세라.'이다. '즌대(진 데, 진 곳)'는 '수렁 물(진흙 물)'이 고인

곳을 말한다. 시장을 돌아다니다가 혹시 궂은 곳(사창가)을 가게 되지 않을까 염려하는 것이다.

3연은 남편이 어디에 있는지, 즉 해를 당해서 못 오거나 혹여 다른 여자가 생겨서 안 오는 건지, 그래서 자신의 인생이 어둡게 되지 않을까 염려하는 내용이다. 이러다 서로의 마음이 변하고 가정이 깨어질까 염려가 되는 마음에 가진 것 다 버려도 좋으니 제발 몸만이라도 돌아와 주기를 간절히 비는 기원이다.

이 정읍사는 우리 고장 정읍에서 발생한 가요이다. 유래를 보면 정읍현의 한 사람이 행상을 나가 오래도록 돌아오지 않자, 그 아내가 산에 올라 멀리 바라보면서 남편이 밤에 다니다가 해를 입을까 두려워하면서 부른 노래라고 한다. 그토록 오매불망 기다리지만 남편은 끝내 돌아오지 않고 기다리다 지친 아내는 그대로 망부석이 되어버렸다는 것. 기약 없는 기다림이 얼마나 애타는 일인지를 경험해 보지 않은 사람은 감히 이해하기 어려울 것이다.

이 노래는 ≪악학궤범≫ 제5권 '무고舞鼓'에 우리말 노랫말이 자세한 춤의 절차와 함께 실려 있다. ≪악학궤범≫의 연행절차에 따르면 열여섯 명의 악사가 반주하고 여덟 명의 기생이 북을 치며 춤을 추는 걸로 기록되어 있으며 고려 시대부터 대궐 안의 잔치 때에 벌이던 춤과 노래이다. 그러다 조선 중종 대에 이르러 음란한 노래라고 하여 궁중가악에서는 제외되었다고 한다.

지금 정읍사공원에는 망부상과 함께 노래비가 있다. 노래비 앞면엔 여인의 모습 아래 전통음악 수제천과 현대감각에 맞춰 개작한 〈정읍사〉 악보가 새겨져 있고 뒷면엔 '정읍사 노래비 건립에 부쳐'라는 제목 아래 고 김동필 시인의 다음과 같은 글이 적혀 있다.

"상략… 오늘날 정읍사는 우리의 현대감각에 맞게 새로이 개사 되어 우리 고장 출신 KBS 관현악 단장 김강섭 선생의 작곡으로 널리 보급되었으며 수제천은 가장 오래된 곡으로 전통 음악 중 으뜸으로 연주되고 있다. 늦게나마 기다림의 정서가 적절한 백제노래 정읍사와

궁중가악곡을 가진 우리 정읍의 향토문화예술을 자랑하여 후손에 길이 전승키 위해 시민의 뜻을 모아 1996년 12월 노래비를 건립하였다."

'기다림의 미학', 기다리다 지쳐 정신은 달빛 속으로 스며들어버렸을까. 허깨비 같은 육신만 그 자리에서 움직일 수 없는 돌이 되어버렸다는 아름다움이 참으로 아리게 전해온다. 오늘날은 어디에서 이런 아름다움을 찾을 수 있을까. 한순간 사랑하고 한순간 스러져버리는 현대식 사랑놀이가 그저 허무하다 못해 비참하게 비교될 뿐이다. 그곳을 들러보고 있노라면 내 고장이 이런 고전의 발원지라는 사실에 뿌듯함을 느끼곤 한다. 그 발원지에 대해 좀 더 알고 싶은 욕망에 카메라를 들고 나섰다.

정읍에서는 매년 10월에 정읍사문화제가 있는데, 이런저런 행사 가운데 정읍사 발원지에서의 '채수의례'와 망부사당에서의 '여인제례'가 있다.

행사 첫날, 정읍시 신정동 정해 마을에서 '채수의례' 행사가 있다는 소식을 듣고 그곳을 찾아갔다. 물어물어 찾아간 곳은 이미 준비하는 사람들의 발걸음으로 부산했다. 아직 남아 있는 시간 동안 그 동네의 분위기를 살펴보려고 잠시 동네를 기웃거렸다. 자그마한 동네에 그리 많지 않은 사람들이 사는 듯, 행사장 외에는 맑은 가을 햇살에 듬뿍 젖은 고샅이 무척 한가로웠다. 이 고요한 마을의 역사가 그렇게 길다니. 비록 골목 구석구석에는 묵은 티끌들

이 쌓여 허술한 듯 보일지 모르지만 우리 고전역사에서 빠져서는 안 될 소중한 곳임은 틀림없다.

정해井海 마을, 우물 정井자와 바다 해海자를 쓰는 이 마을은 일명 ≪샘바다≫이다. 샘물이 바다처럼 끝없이 솟아난다는 데서 그 이름이 유래했다. 이 정해井海마을에는 백제 시대부터 사용하던 우물이 있다.

풍수지리설에 의하면 남으로 삼성산과 서로 입암산 그리고 동으로 내장산이 있어 마을의 지형이 배의 형국으로 되어 있단다. 그래서 가정에 우물을 파면 배의 밑바닥에 구멍이 뚫려 배가 침몰한다는 논리에 따라 근래까지 가정에 우물이 없었으며 100여 가구의 대촌이었을 때에도 생활용수를 이 우물에 의존했으므로 큰 새암이라고 명명하게 된 것이라 한다. 이 우물은 수백 년 동안 생명수 역할을 해온 공동 우물이다.

이렇듯 역사의 숨결이 묻어 있는 샘을 정읍의 상징우물로 길이 보존하고자 1994년에 복원사업을 하였고 2010년에는 〈샘바다 우물 덮개〉를 조성하였다. 이곳은 민족의 기운을 좌우하는 터로 우리나라 기맥을 유지 보전하여 기의 허실을 막아 국운이 번창하기를 기원하는 뜻으로 덮개를 조성하였다.

지금의 정읍은 백제 시대의 정촌현, 바로 이 정해 마을에서 비롯된 지명이라 한다. 정읍井邑이라는 곳의 정井은 우물을 상징하는 것으로써 이 큰새암이 정읍의 이름을 낳게 한 것이다. 그렇다면 이 우물과 정읍사와는 또 어떤 관계가 있기에 그곳에서 '채수의례'가 있고 그 물로 망부사에서 '여인제례'를 올리는 것일까.

설화 속의 망부석이 있었던 곳은 정해마을에서 북쪽으로 십 리 떨어진 곳으로 현재 정읍시로 들어가는 아양 고개로 추정이 된다. 지금은 그곳에 〈정읍사〉 공원이 조성되어 있다. 정읍사 공원에는

망부상과 그 뒤편으로 여덟 편의 그림이 병풍처럼 펴져 있다. 그 첫 편의 그림은 '아픈 사랑이야기'로 소금행상을 하며 떠돌아다니다가 샘바다(정해 마을)에 정착한 도림이 월아 낭자를 흠모하게 되면서 큰 새암 버드나무 아래에서 단소를 불며 애타게 구애하는 장면으로 묘사된다. 계속해서 여덟 편까지 이어지는 그림은 샘바다 마을에서의 생활을 그리고 있다.

즉 〈정읍사〉 설화는 이곳 샘 바다인 정해 마을에서 유래되었고 그곳 우물에서 사랑이 시작된 것이라 하여 해마다 그 우물을 길어 올리는 '채수의례'를 치르고 채수 된 물로 '여인제례'를 지내는 것이다.

'채수의례'는 먼저 마을에서 제일 존경받은 웃어른이 우물에 예를 올린다. 그런 다음 선녀들이 정성스레 물을 길어 그릇에 담아 놓고 화려한 춤과 흥겨운 풍악을 울리며 잔치를 한다. 잔치가 끝

난 다음엔 그 물을 망부사로 옮긴다.

'여인제례'는 망부사로 옮겨 온 우물물로 정성스럽게 차를 다려 제사상에 올리는 예이다. 단정하고 정갈한 몸가짐으로 차를 다려 올리는 여인들의 모습이 성스럽고 망부사 마당 한편에서 울려 퍼지는 '수제천'의 음률이 감미롭다.

'수제천壽齊天'은 원래 정읍사를 노래하던 곡으로 아악 곡의 백미라고 칭하며 궁중음악으로 많이 연주되었다. 이 사실은 고려사 악지, 속악, 삼국 속악편에 정읍현에서 사는 한 여인이 지어 부른 노래라고 기록되어 있으며 가사는 악학궤범에 악보는 대악후보에 남겨져 있다고 한다.

모두 4장으로 구성되었으며 악기는 주로 향피리, 대금, 소금, 해금, 아쟁이 등으로 편성되어 있다. 느리고 장중한 음악으로 박자의 길이가 일정하지 않아 서양음악에서는 느끼지 못하는 환상적인 음률이다.

지금도 국가의 대행사(대통령 취임식, 국빈만찬과 의례 등)와 국제적인 문화교류에서 반드시 연주되는 곡으로 알려졌고 외국인들에게도 명곡으로 인정받아 1970년 프랑스에서 개최된 유네스코 음악제 전통음악 부분에서 최우수 곡으로 당선되었다.

백제의 여인, 아니 우리 정읍의 여인이 이처럼 세계적인 무대로까지 이어지는 맥이 되었다니, 이 고장 출신이라는 사실만으로도 자부심이 생긴다. 그저 평범한 아낙으로 살아가고 있는 현실이 무료하기만 하다가도 때론 이렇게 스리슬쩍 곁들여 끼여서 자부심을 느껴 보는 맛이 있기에 삶의

여정이 그리 삭막하지만은 않은 듯하다.

선녀들의 옷차림이 나비 날개처럼 얄싸하고 호화롭다. 그 먼 시대의 사람들이 정말 저처럼 화려했을까에 대해 조금은 의심스러우면서도 화려한 의식에 빠져들었다. 잠시 동안 그들과 함께 백제인이 되어 호흡하면서 우리의 소중한 문화를 지키고자 노력하는 모습들이 참으로 바람직하게 느껴졌다. 어쩌면 국문학도이기에 더욱 크게 느꼈던 뿌듯함이었으리라.

정해 마을에서 조금 떨어진 용호저수지(용산지)에는 '정읍사 여인봉' 조망대가 있다. 그곳에서 바라다 보이는 여인봉의 형상은 누워있는 여인의 이마, 코, 입, 목, 가슴 모습이 뚜렷하다. 주민은 누워 북쪽 하늘을 바라보고 있는 이 여인 형상이 1,300년 전 사랑하는 남편과의 영원한 사랑을 소망하는 백제가요 〈정읍사〉 여인이 환생한 것으로 믿고 있다.

일설에는 깊고 간절한 사랑에 감동한 하늘이 그 사랑을 후손들

용호저수지 정읍사 조망대에서 바라본 정읍사 여인봉

에게 널리 알리고자 노령산맥 줄기인 여인의 고향 정읍 내장산 자락에 여인의 형상을 만들었다는 전설이 내려온다. 특히 사랑하는 사람과 함께 정읍사 여인을 바라보며 소원을 빌면 연인들의 바람이 이루어진다는 말을 전해 듣고 찾는 사람이 많다고 한다.

부안이 낳은 기녀 매창

梨花雨 흣날릴 제 울며 잡고 離別한 님
秋風落葉에 저도 날을 생각는가
千里에 외로운 꿈만 오락가락 하괘라

어느 문학회 특별무대에서 들은 시조 〈이화우〉는 그야말로 내 혼을 빼 가는 듯했다. 일찍이 시조의 내용은 알고 있었으나 그 시조를 직접 들어보지는 못했는데 그날 시조의 맛을 제대로 느껴 보았던 것 같다. 끊어질 듯 이어지는 음률 사이사이로 읊조리는 가사는 가슴을 도려내는 슬픔이 배어 나왔다. 저리도 애절한 이별가였던가. 숱하게 들어 본 이별의 노래 어떤 것에서도 그 감정을

느껴보지 못했었다.

이후로 매창에 대한 관심과 애정이 새롭게 솟아났다. 우리 고장이 낳은 빼어난 기녀의 흔적을 좀 더 깊이 알고 싶다는 생각이 잠재되고 있던 중, 어느 날 부안 일대를 돌아보았다.

매창공원은 몇 차례 찾아 본 곳이지만 새로운 마음으로 새롭게 찾아 나선 날은 하늘이 무척 맑아서 공원의 분위기가 한껏 정결했다.

이 공원이 조성되기 전에는 공동묘지의 숱한 무덤 중 한 자리에 불과한 초라한 무덤이었다 한다. 그러나 그녀가 기녀였다는 이유에서일까. 마을의 나무꾼들이 벌초를 해주며 보살피고 가극단이나 유랑극단이 부안 읍내에서 공연할 때면 으레 찾아와 한바탕 굿을 벌이며 그 혼을 기렸다.

매창은 1573년 부안현의 아전이던 이탕종의 서녀로 계유년에 태어났다 해서 계성, 또는 계랑이라 하였다. 거문고의 실력이 대단하며 한문을 공부한 지성인으로서 품위를 지닌 여성이며 시와 가무가 능한 기생이었다. 일찍이 부모를 여읜 탓에 어린 나이에 어쩔 수 없이 기생이 되었지만 조선 시대에 크게 이름을 날리는 기생이 되었다. 또한 여느 기생들은 없는 천향이라는 자字와 매창梅窓이라는 호를 가졌다.

그녀가 비록 기생이지만 황진이, 허난설헌 못잖은 조선 시대의 시인이며 유희경과의 사랑과 허균과의 연정은 지금도 사람들에게 회자된다. 송도 3절(황진이, 서경덕, 박연폭포)이 있다면 부안 3절(이매창, 유희경, 직소폭포)도 있지 않은가.

매창은 신분이 기생이라는 이유로 숱한 남정네들의 시달림을 받았지만 몸을 함부로 놀리지는 않았다. 재치와 지혜로 넘기기도 하고 시를 지어 무색하게 만들기도 했다. 〈취한 손님에게〉라는 시는 잘 알려진 그 예이다.

贈醉客 증취객

(취한 손님에게)

이매창

醉客執羅衫 취객집나삼

(취한 손님이 비단저고리 옷자락을 잡으니)

羅衫隨手裂 나삼수수열

(손길을 따라 비단저고리 소리를 내며 찢어졌어라)

不惜一羅衫 부석일나삼

(비단저고리 하나쯤이야 아까울 게 없지만)

但恐恩情絶 단공은정절

(임이 주신 은정까지도 찢어졌을까 그게 두려워라)

이렇듯 지조가 강했던 매창의 마음을 연 남자로는 촌은 유희경을 첫손가락으로 꼽는다. 유희경은 유명한 시인이었으며 아내 외에는 여색을 가까이하지 않는 군자였다.

그런 두 사람이 처음 만난 날, 기녀의 지조와 군자의 위엄이 파계 되는 순간이었다. 매창이 유희경에 반해 넋을 잃었고 유희경 역시 매창을 보는 순간 감격해서 그녀에게 시를 지어 주었다. 20여 세와 40세 중반의 나이는 결코 벽이 되지 않았다.

贈癸娘 증계랑

(처음 만난 날 계랑에게)

유희경

曾聞南國癸娘名 증문남국계낭명

(남국의 계랑 이름 일찍이 알려져서)

詩韻歌詞動洛城 시운가사동락성

(글재주 노래솜씨 서울에까지 울렸어라)

今日相看眞面目 금일상간진면목

(오늘에사 참모습을 대하고 보니)

却疑神女下三淸 각의신녀하삼청

(선녀가 떨쳐입고 내려온 듯하여라)

위의 시에 매창은 〈거문고를 타면서〉라는 시로 화답했다.

彈琴 탄금

이매창

幾歲鳴風雨 기세명풍우

(몇 해 동안이나 비바람 소리를 내었던가)

今來一短琴 금래일단금

(여지껏 지녀 온 작은 거문고)

莫彈孤鸞曲 막탄고란곡

(외로운 난새의 노랠랑 뜯지를 말자더니)

終作白頭吟 종작백두음

(끝내 백두음 가락을 스스로 지어서 타네)

행여 짝 잃은 외로운 새가 되지 않을까 염려되어 비바람 견뎌내며 지냈는데 좋은 임이 생겨 결국은 백두음을 타게 되는 일이 벌어졌다는 시이다. 백두음이란 검은머리가 흰머리 되도록 해로하자는 약속을 주제로 한 노래로 사마상여가 무릉의 여인을 첩으로 데려오려고 하자 그 아내 탁문군이 백두음을 지어서 첩 데려오기를 그만두게 하였다는 고사이다.

이처럼 깊은 학문이 배어 나오는 시와 거문고 솜씨에 유희경은 오십 년을 지켜온 위엄이 꺾였다. 매창으로서는 가히 그 어느 것에도 견줄 수 없는 환희였으리라. 그렇게 사랑은 익어 갔던가. 서로 향하는 마음을 쏟아내는 시들을 주거니 받거니 하면서 밤을 새워 운우지정을 나눴다.

我有一仙藥 能醫至頰嚬 아유일선약 능의지협빈
(나에게 신기로운 선약이 있어 찡그린 얼굴도 고쳐 줄 수 있으니)
粱臟錦囊裏 慾與有情人 양장금낭리 욕여유정인
(금낭 속에 간직한 그 약을 정다운 그대에게 아낌없이 주리라)

― 유희경 ―

我有古奏箏 一彈百感生 아유고주쟁 일탄백감생
(내게는 옛날의 거문고가 있어 한 번 타면 온갖 시름이 다 생긴다오)
世無知此曲 遙和山笙 세무지차곡 요화구산생
(세상사람 이 곡을 못 알아주니 그 임의 피리에나 맞추어 보리)

― 이매창 ―

두 사람의 열정이 부안의 곳곳에 스며들었다. 긴 여행길을 따라서 나누는 정이 그 얼마나 깊고 정겨웠을까. 수없이 많은 시를 남기며 추억을 만들어 갔으니 어디엔들 그들의 숨결이 닿지 않은 곳이 있으랴. 그렇게 한 2년여를 함께하다가 유희경은 의병활동을 위해 매창 곁을 떠난다. 사랑이 깊은 만큼 슬픔도 깊었을 것이다. 더는 다른 남자를 받아들이지 않는 기생으로 살아가는 매창의 생활은 고통의 나날이었다. 늘 애절한 그리움과 처절한 고독 속에서 임을 그리는 시들을 읊으며 보냈다.

이때 남긴 시조 한 수가 세상 사람들의 심금을 울리는 명작으로 남게 되었으니 〈이화우〉는 세인의 가슴에 저마다 다른 상처를 달래는 노래로 전해 내려오고 있다.

梨花雨 이화우

이매창

이화우 흩날릴 제 울며 잡고 이별한 임
추풍낙엽에 저도 날 생각는가
천 리에 외로운 꿈만 오락가락하노라

간단한 이 시조 한 수가 그렇게 높은 가치를 받는 이유는 보통의 시와는 다르게 만남과 이별의 계절을 묘사했다는 점이라 한다. 보통 꽃피는 계절에 만나 낙엽 지는 가을에 이별하는 공간으로 처리하는데 '이화우'는 배꽃 피는 계절에 이별하고 추풍낙엽 시절에 임을 생각하게 하였다는 점이다.

이 시조는 〈가곡원류〉에 실려 전해 내려오면서 수많은 정인의 가슴 속에 깊은 시름을 자아내고 또 동시에 상처를 치료하는 이별가이다.

나라의 안위를 위해 어쩔 수 없이 정인의 곁을 떠나야만 했던 유희경 역시 매창을 향한 애절한 마음을 달랠 수 없기는 마찬가지였다. 처음 만나 헤어진 후 10여 년이 지난 다음 다시 만나는 기회가 있었지만 그 또한 얼마간 깊은 사랑을 나눈 뒤 헤어지고 만다.

懷癸娘 회계랑

유희경

娘家在浪州 낭가재낭주
(그대의 집은 부안에 있고)
我家住京口 아가주경구
(나의 집은 서울에 있어)
相思不相見 상사부상견
(그리움 사무쳐도 서로 못 보고)
腸斷梧桐雨 장단오동우
(오동나무에 비 뿌릴 젠 애가 끊겨라)

문헌의 기록에 의하면 매창은 그리 빼어난 인물은 아니었다 한다. 그러나 깊은 학문과 예리한 통찰력을 겸비한 우수한 시재와 탁월한 거문고 실력, 그리고 꿋꿋이 지킨 절개로 많은 풍류객의 사랑을 받았다. 그들과 교류를 나누면서 잠시잠깐 마음을 주고 받은 일들이 있기도 했지만 그녀가 진정으로 마음을 준 사람은 유희경이었고 그 다음으로 기억되는 남자는 허균이라 할 수 있다.

매창과 허균의 관계 또한 세인의 가슴을 뭉클하게 하는 내용이다. 33세의 허균과 29세의 매창이 만나 서로 시를 주고 받으며 즐겼다. 그러나 따로 운우지정을 나누지는 않은 사이로 지내왔다. 매창은 물론 유희경에 대한 절개를 지키고자 함이었고 허균은 그런 그녀의 절개를 아껴 주고 싶은 배려였다. 유교의 굴레를 벗어나 남녀의 본능에 충실하며 살았다는 허균으로서는 아주 파격적인 행동이었다. 그렇게 정신적인 교감만 가진 것은 매창을 천한 기생이 아니라 자신과 똑같은 인간으로서의 대우를 해 주었던 것이다. 허균과 매창의 이런 관계는 매창의 나이 38세까지 이어졌다. 정말 고고한 감정이어서 함부로 사랑이라는 말을 붙일 수 없는 정신적인 연인이었다. 허균은 이를 우정이라 칭했다. 허균의 문집 '성소부부고'에는 매창에 대한 글과 매창에게 보낸 2통의 편지가 남아 있다.

"계생은 부안의 기녀라, 시에 밝고 글을 알고 노래와 거문고를 잘

한다. 그러나 절개가 굳어 색을 좋아하지 않는다. 내가 그 재주를 사랑하고 정의가 막연하여 농을 할 정도로 서로 터놓고 얘기도 하지만 지나치지 아니하였으므로 오래도록 우정이 가시지 아니하였다."

계랑에게

계랑이 달을 바라보면서 거문고를 뜯으며 〈산자고〉의 노래를 불렀다니 어찌 그윽하고 한적한 곳에서 부르지 않고 윤공의 비석 앞에서 부르시어 남들의 놀림거리가 되셨소. 석 자 비석 옆에서 시를 더럽혔다니 이는 낭의 잘못이오. 그 놀림이 곧 나에게 돌아왔으니 정말 억울하외다. 요즘도 참선을 하시는지. 그리움이 몹시 사무친다오.

— 기유년 정월 허균 —

계랑에게

봉래산의 가을빛이 한창 짙어가니 돌아가고픈 생각이 문득문득 난다오. 내가 자연으로 돌아가겠단 약속을 저버렸다고 계랑은 반드시 웃을 거외다. 우리가 처음 만난 당시에 만약 조금치라도 다른 생각이 있었더라면 나와 그대의 사귐이 어찌 10년 동안이나 친하게 이어질 수 있었겠소. 이젠 진회해秦淮海를 아시는지. 선관禪觀을 지니는 것이 몸과 마음에 유익하다오. 언제라야 이 마음을 다 털어 놓을 수 있으리까. 편지종이를 대할 때마다 서글퍼진다오.

— 기유년 9월 허균 —

선조가 죽고 광해군이 등극한 후 공주 목사 허균은 품행이 바르

부안군 보안면 우동리 선계폭포 근처에 있는 정사암 터

지 못하다 하여 파직되었다. 그래서 그는 평소에 여생을 보내려고 했던 부안현 골짜기로 들어갔는데 그것은 매창 가까이에 있고 싶어서이기도 했다. 우반동 선계폭포 근처에 있는 부사 김청택의 별장 정사암靜思菴에 기거하면서 ≪국조시산≫과 ≪홍길동전≫을 쓰는 동안 그들의 만남은 계속 이어졌다. 그렇게 10여 년을 지내는 동안 이들의 사귐은 진정한 벗이었다. 그 긴 세월을 그토록 순수한 만남으로 이어질 수 있기까지 두 사람 다 자기 자신을 지키기에 그리 쉽지만은 않았을 것이다. 지금은 그저 흔적만 남아 있는 정사암 터엔 수북이 쌓인 낙엽만큼이나 돈독했던 그들의 연정이 바람 소리로 속살거리고 있으리라. 그렇기에 지금도 그들을 닮아 보고자 몸부림치는 연인들이 있지 않겠는가.

그러나 누구든 자기 앞에 닥치는 운명을 비켜가지 못하는 법. 38세의 나이로 세상을 하직하고 만다. 허균은 매창이 죽었다는 소식을 듣고 그를 위해 다음과 같은 2편의 시를 남겼다.

1수

哀桂娘 애계랑
(매창의 죽음을 슬퍼하며)

妙句土甚擒錦 묘구토심금금
(아름다운 글귀는 비단을 펴는 듯하고)
清歌解駐雲 청가해주운
(맑은 노래는 머문 구름도 풀어 헤치네)
俞桃來下界 유도래하계
(복숭아를 훔쳐서 인간세계로 내려오더니)
藥去人群 약거인군
(불사약을 훔쳐서 인간무리를 두고 떠났네)
燈暗芙蓉帳 등암부용장
(부용꽃 수놓은 휘장엔 등불이 어둡기만 하고)
香殘翡翠裙 향잔비취군
(비취색 치마엔 향내 아직 남아있는데)

明年小挑發 명년소도발
(이듬해 작은 복사꽃 필 때쯤이면)
誰過薛濤墳 수과설도분
(누가 설도의 무덤을 찾으리)

2수
凄絕班姬扇 처절반희선
(처절한 반첩여의 부채라)
悲涼卓女琴 비량탁여금
(비량한 탁문군의 거문고로세
飄花空積恨 표화공적한
(날으는 꽃은 속절없이 한을 쌓아라)
衰蕙只傷心 쇠혜지상심
(시든 난초 다만 마음 상할 뿐)
蓬島雲無迹 봉도운무적
(봉래섬에 구름은 자취가 없고)
滄溟月已沈 창명월이침
(한바다에 달은 하마 잠기었다오)
他年蘇小宅 타년소소택
(다른 해 봄이 와도 소소의 집엔)
殘柳不成陰 잔류불성음
(낡은 버들 그늘을 이루지 못해)

조선 시대 역사 기록에 명기로 이름 지어진 매창은 1573년에 태어나 1610년 38세의 나이로 세상을 등졌다. 부안에 태어나 부안을 세상에 알린 여인, 그러나 살붙이 하나 세상에 남기지 못하고 생을 마감했기에 돌보는 이 하나 없는 초라한 무덤 속에 누워 있었다.

부안읍 서외리에 자리한 매창공원에 매창의 묘지가 있다. 처음 공동묘지였던 이 곳에 거문고와 함께 묻혔다가 45년 후에 비석이 세워졌단다. 어느 누가 그녀의 애절한 마음을 그토록 깊이 간직하고 있었던 것일까. 그저 흔적 없이 사라져 버리고 말 기녀의 혼을 역사의 한 페이지에 길이 새겨 놓은 이들의 가슴 또한 매창의 시 못잖은 가치로 인정하고 싶다.

부안읍 매창공원에 있는 매창의 묘

부안군청 뒤 성황산 기슭에 있는 매창시비, 금대, 우물(혜천)

그 후 세월이 지나 비석의 글이 마모되자 1917년 부안 시인들의 모임인 부풍시사에서 다시 세우고 '명원이매창지묘名媛李梅窓之墓'라고 새겼다.

1974년 매창기념사업회에서는 성황산 기슭 서림 공원에다 매창의 시비를 세웠다. 이 공원은 본디 선화당 후원이니 매창이 자주 불려 갔던 곳이라 한다. 그 곳에는 매창이 앉아서 임을 그리워하며 거문고를 타던 너럭바위가 있는데 금대琴臺라는 글자가 새겨져 있다. 세월의 더께가 입혀 잘 알아보기 어렵지만 그 글자 한 획 한 획에 시리디시린 설움이 묻어 있었다. 시를 읊다가 목마르면 목을 축였다던 우물에는 혜천惠泉이라는 이름이 새겨져 있었다.

부안 일대에는 매창의 숨결이 곳곳에 어려 있다. 이성계가 찾아와 물을 마셨다는 어수대, 부안 댐의 발원지가 된다는 그 곳에도 매창의 발길이 닿았던 곳이라 하여 시 한 수가 새겨져 있다.

그 외에도 월명암과 낙조대, 직소폭포를 오가며 풍류를 즐기며 시를 지었다는 기록을 보면 매창이야말로 부안에서 태어나 부안을 위해 살다 간 여인이라 할 수 있겠다.

그녀가 자신의 고장 부안을 사랑하고 아꼈던 만큼 부안도 그녀를 영원히 흙 속에만 묻어 두지는 않았다. 그녀의 향기를 잊지 못하는 고을 사람들이 입에서 입으로 전해오던 시들을 모아 매창집을 만들었다.

부안 개암사라는 절에서 목판에 새겨 만들었는데 한 여인의 시집이 그렇게 단행본으로 나온 예는 없었다 한다. 그 시집은 개암사

부안군 상서면에 있는 어수대

부안군 상서면에 있는 개암사

의 재원이 바닥이 나는 상황에 이르게 되자 서서히 발행이 중지되고 말았다.

어느 스님의 마음이었을까. 긴 세월 비바람에 흩날려 그 흔적 찾기가 어렵겠지만 행여 그 절 어느 구석에라도 그때 흥행했던 매창의 체취가 남아 있을까 싶어 찾아보았다. 그러나 안타깝게도 흔적이 보이지 않았다.

절 마당 한구석 작은 바윗돌 하나에 희미한 붓 자국이라도 남겨 있을 법한 사연이 없음을 알고 왠지 허전한 마음이 되어 절문을 나섰다. 아쉬운 마음에 뒤돌아보는 절 지붕 뒤로 울금바위가 웅장하다. 아마도 천 년이 가도 변하지 않을 저 바위 속에 담겨 있으리라는 생각으로 위안을 삼아 본다.

*** 정사암 터에 관한 문헌자료 ***

정사암은 부안 보안면 우반동에 있었던 조그만 암자였다. 정확한 위치를 알아낼 수는 없지만 지금의 성계안골 산의 중턱(선계폭포부근)이 아닌가 짐작된다고 한다. 이곳은 허균의 산문, <중수정사암기重修靜思菴記>에 기록되어 있다.

<중수정사암기重修靜思菴記>

부안현 바닷가에 변산이 있고, 산 남쪽에 우반愚磻이라는 골짜기가 있다. 그곳 출신인 부사 김청金淸이 그중 아름다운 곳을 골라 암자를 짓고는 정사암靜思菴이라고 이름지었다. 늘그막에 즐기며 쉴 곳을 마련해 둔 것이다.

나는 일찍이 왕명을 받고 호남을 다니며 정사암의 아름다운 경치는 실컷 들었지만, 여태껏 구경해 본 적은 없었다. 나는 평소부터 영화와 이욕을 즐기지 않았는지라 늘 자연으로 돌아가고픈 마음이 있었지만, 뜻을 이루지 못했었다.

올해에 공주목사에서 파직되어 남쪽으로 돌아갈 뜻을 정하고, 장차 우반이란 곳에 묻혀 살려고 하였다. 그러자 진사에 급제한 김공의 아들이 나에게 말했다. "저의 아버지께서 지으신 정사암이 너무 외따로 있어, 제가 지키기 어렵습니다. 공께서 다시 수리하시고 지내주셨으면 좋겠습니다."

나는 이 말을 듣고 기뻤다. 즉시 고달부와 이재영 등을 데리고, 말고삐를 가즈런히 하여 그 곳에 가 보았다. 포구에서 비스듬히 나 있는 작은 길을 따라서 골짜기에 들어가자 시냇물이 구슬 부딪히는 소리를 내며 졸졸 흘러 우거진 풀덤불 속으로 쏟아졌다. 시내를 따라 몇 리 들어갔더니 산이 열리고 넓은 들판이 펼쳐졌다. 좌우로 가파른 봉우리들이 마치 학이 나는 것처럼 치솟았고, 동쪽 등성으론 수많은 소나무와 전나무들이 하늘을 찌를 듯 서 있었다.

나는 세 벗과 함께 터 잡아둔 곳으로 곧장 갔다. 동 · 서로 세 언덕이 있었고 그 가운데 수백이나 되는 대나무가 뒤섞여 있었다. 푸릇푸릇 우거진 모습에서 아직도 사람이 살았던 집터를 분간할 수 있었다. 남쪽으로 큰 바다를 보니 물결에 부딪치는 금수도가 있었고 그 가운데 숲이 펼쳐진 속에 서림사가 있었다.

시냇물을 따라 동쪽으로 걸어 올라가다가, 늙은 당산나무를 지나서 정사암에 이르렀다. 암자는 겨우 네 칸 남짓 되었는데, 낭떠러지 바위 위에 지어졌다. 앞으로는 맑은 연못이 내려다 보였고, 세 봉우리가 우뚝 마주 서 있었다. 폭포가 푸른 바위벽 아래로 깊숙하게 쏟아지는데, 마치 흰 무지개가 뻗은 것 같았다.

(하략)

– 허균의 〈중수정사암기重修靜思菴記〉 중에서

*** 참고 문헌 ***

1. 매창시집 : 허경진 역, 2007년 개정판, 평민사.

2. 홍길동전 · 허균 산문집 / 허균 [저] ; 허경진 역, 1995, 한양출판사.

2012년 하늘이 유난히 맑은 어느 가을 날. 부안 군청 종합민원실에서 매창을 기리는 '매창집 원본 사진전'이 있었다.

매창집은, 매창이 지은 한시들을 사람들의 입으로 전해오다가 주위 사람들 몇몇이 기록해 두었던 것으로서 1668년에 개암사에서 발간돼 사람들에게 전해졌다. 그러나 그것을 더 만들어 낼 자본이 부족한 탓에 더 이상 인쇄 되지 못하고 중단되어 버린다. 많은 세월이 지난 지금은 그 매창집을 찾아보기 어렵게 되었으나 유일하게 미국하버드대학 엔칭박물관에 보존되어 있다. 이번 전시회에서는 그곳에 보존된 원본을 잠시 빌려와 전시하게 되었다 한다.

참으로 귀중한 자료이기에 시간을 내어 찾아가 보았다. 수록 된 한시 사진 33점을 한 눈에 살필 수 있었다. 비록 본인의 필체는 아니지만 막연히 전해 듣는 시를 직접 눈으로 볼 수 있다는 사실에 감격스러웠다. 재치 있고 정감 넘치는 한국적 여성 특유의 성정이 풍만한 작품들이다.

귀한 자료이기에 여기에 사진 몇 편을 옮겨본다. 사진을 찍으려 하니 액자 유리 때문에 후레쉬 터뜨리기가 쉽지 않았다. 후레쉬 불빛 반사 때문에 정면에서 찍지 못하고 측면에서 찍었더니 내용을 분석하는데 미흡하다. 다만 이런 전시회가 있었다는 사실을 알리고 싶어 올려본 사진들이다.

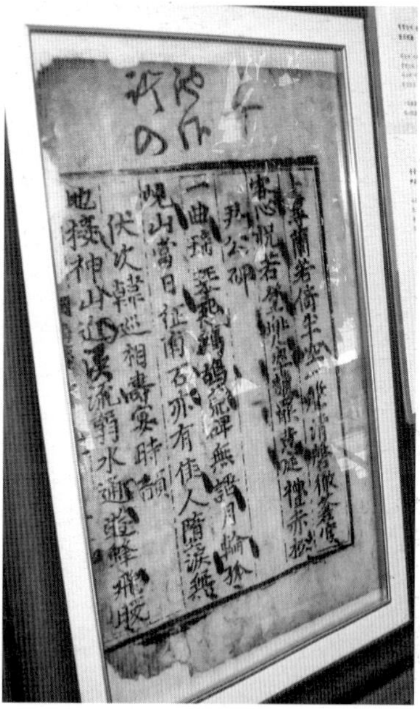

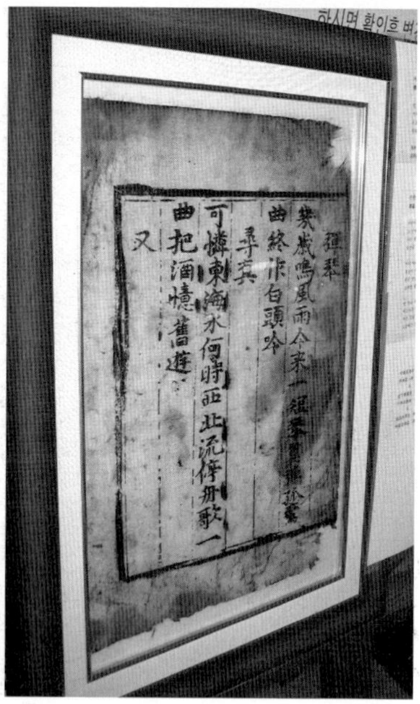

김재희 수필집
꽃가지를 아우르며

인 쇄 / 2013년 6월 28일
발 행 / 2013년 7월 3일

지은이 / 김 재 희
발행인 / 서 정 환
발행처 / 수필과비평사

출판등록 / 1984년 8월 17일 제28호
주 소 / 서울시 종로구 익선동 30-6
운현신화타워 빌딩 3층 301호
전 화 / (02) 3675-5633, (063) 275-4000
팩 스 / (063) 274-3131
E-mail / essay321@hanmail.net

값 13,000원

ISBN 978-89-98524-64-7 03810

이 도서의 국립중앙도서관 출판시도서목록(CIP)은 서지정보유통지원시스템 홈페이지(http://seoji.nl.go.kr)와 국가자료공동목록시스템(http://www.nl.go.kr/kolisnet)에서 이용하실 수 있습니다.(CIP제어번호: CIP2013009990)

※ 이 책의 발간비 일부는 2013년 전라북도문예진흥기금의 지원을 받았습니다.